OPERAÇÃO ACOLHIDA

OPERAÇÃO ACOLHIDA

Uma história oral

Celso Castro
Eduardo Mello
Carolina Soares Sousa
(organizadores)

FGV EDITORA

FGV EDITORA
Rua Jornalista Orlando Dantas, 9
22231-010 | Rio de Janeiro, RJ | Brasil
Tel.: (21) 3799-4427
editora@fgv.br | pedidoseditora@fgv.br
www.fgv.br/editora
Impresso no Brasil / *Printed in Brazil*

1ª edição: 2022

Preparação de originais: Sandra Frank
Editoração eletrônica: Abreu's System
Revisão: Adriana Alves | Fatima Caroni
Capa: Estúdio 513

Dados Internacionais de Catalogação na Publicação (CIP)
Ficha catalográfica elaborada pela Biblioteca Mario Henrique Simonsen/FGV

Operação Acolhida : uma história oral / Celso Castro, Eduardo Mello, Carolina Soares Sousa (orgs.). – Rio de Janeiro : FGV Editora, 2022.
196 p.

ISBN: 978-65-5652-166-4

1. História oral. 2. Operação Acolhida. 3. Brasil – Forças Armadas. I. Castro, Celso, 1963-. II. Mello, Eduardo. III. Sousa, Carolina Soares. IV. Fundação Getulio Vargas.

CDD – 907.2

Elaborada por Rafaela Ramos de Moraes – CRB-7/6625

Sumário

Apresentação, 7
Cronologia, 17

Coronel Georges Feres Kanaan, 23
Coronel Carlos Frederico Gomes Cinelli, 55
Coronel João Roberto Albim Gobert, 81
Coronel Carlos Alexandre de Souza, 107
Pablo Mattos, 125
Yssyssay Rodrigues, 147
Marcela Ulhoa Silveira Bonvicini, 173

Siglas, 193

Apresentação

Celso Castro
Eduardo Mello
Carolina Soares Sousa

Este livro é resultado de sete entrevistas sobre a Operação Acolhida, realizadas entre abril e julho de 2021, com a duração total de aproximadamente 11 horas. Elas foram produzidas no âmbito do Programa de História Oral da FGV CPDOC.[1] Em função da pandemia da Covid-19, todas foram realizadas virtualmente por meio da plataforma Zoom. As transcrições foram em seguida editadas para a produção do livro, porém mantendo no essencial o conteúdo do que foi registrado.

Os entrevistados, quatro militares e três civis, ocuparam posições importantes, embora em organizações diferentes, na coordenação de atividades envolvidas com o acolhimento, abrigamento e interiorização dos refugiados. Havia uma oitava entrevista prevista, com a irmã Telma Lage, missionária católica que atuava na região desde 2013 e era coordenadora do Centro de Migrações e Direitos Humanos da Diocese de Roraima. Ela aceitou nosso convite para a entrevista, dizendo que a colaboração com a pesquisa era essencial para o registro da história. Não houve tempo, infelizmente, para realizar a entrevista. Poucas semanas depois do contato, a irmã Telma faleceu, em 22 de junho, aos 49 anos de idade, em decorrência de complicações da Covid-19.

---

[1] Essa iniciativa contou com apoio da própria FGV, por meio dos projetos "Forças Armadas na Segurança Pública no Brasil" e "Laboratório de Estudos sobre Militares", financiados pela Rede de Pesquisa e Conhecimento Aplicado. Além disso, beneficiou-se da inserção no projeto "Innovation in Humanitarian Response", apoiado pelo programa Erasmus+ Capacity Building on Humanitarian Action KA2, que tem a coordenação geral do Instituto Universitário de Lisboa (ISCTE). Gostaríamos também de agradecer o eficiente apoio dado por Isabella Pestana de Andrade Nascimento, assistente de pesquisa do projeto.

A Operação Acolhida foi criada em fevereiro de 2018 pelo governo federal, sob a gestão do ex-presidente Michel Temer, como uma resposta emergencial do Brasil ao aumento do fluxo migratório proveniente da Venezuela. O êxodo migratório venezuelano é o maior fluxo internacional de populações da história recente da América Latina, em decorrência da crise política, econômica e social pela qual o país atravessa. Estima-se que o número de pessoas que deixaram a Venezuela com destino aos países vizinhos ultrapassa 5 milhões, dados que indicam para os próximos anos uma possível superação do recente movimento migratório sírio. Desde 2015, governos da América do Sul têm enfrentado o desafio de lidar com o tema. O Alto Comissariado das Nações Unidas para Refugiados (Acnur) aponta o Brasil como o quinto destino mais procurado pelos migrantes e refugiados venezuelanos.[2] A principal porta de entrada é Pacaraima, no estado de Roraima, pequena cidade fronteiriça entre a Venezuela e o Brasil. O aumento repentino da população nas cidades de Pacaraima e Boa Vista[3] gerou tensões e conflitos entre os atores políticos da esfera federal, estadual e municipal, e também com a sociedade civil, criando um debate sobre a necessidade de o governo federal assumir a responsabilidade e o controle da crise migratória. Foi nesse contexto que se deu a criação da Operação Acolhida.

Dados oficiais apontam que, entre 2017 e 2021, mais de 610 mil venezuelanos e venezuelanas entraram no país, dos quais cerca de 260 mil solicitaram a regularização migratória.[4] Vale observar que não há exigência de visto temporário entre Brasil e Venezuela. A operacio-

---

2 Entre os destinos estão, preferencialmente, Colômbia, Peru, Chile, Equador e Brasil.

3 De acordo com dados do IBGE, o município de Pacaraima tinha 12.375 habitantes em 2017. Em 2019, o número saltou para 17.404 pessoas. Da mesma forma, o município de Boa Vista cresceu de 332.020 habitantes em 2017 para 399.213 em 2019.

4 Em 2020, o governo federal, em parceria com o Acnur, lançou o *site* oficial da Operação Acolhida (www.gov.br/casacivil/pt-br/acolhida), onde os dados referentes à operação são constantemente atualizados. Todos os dados aqui apresentados estão de acordo com esse *site* e relatórios do Acnur.

nalização da assistência emergencial necessária ao acolhimento do alto volume de pessoas que ingressavam diariamente pela fronteira exigiu uma força-tarefa logística humanitária. Diante disso, a Operação Acolhida se desenvolveu de forma peculiar, quando pensamos a gestão dos movimentos migratórios que têm marcado o século XXI, sobretudo das chamadas "crises de refugiados".[5] Apesar de ser coordenada pelo governo federal, com 12 ministérios chefiados pela Casa Civil, a Operação Acolhida apresenta um protagonismo das Forças Armadas brasileiras, do Exército em especial, mas conta também com o apoio material, logístico e pessoal de organismos internacionais e da sociedade civil, como o Acnur, a Organização Internacional para as Migrações (OIM) e o Fundo das Nações Unidas para a Infância (Unicef), entre outros. A amplitude da cooperação interagências — mais de 100 organismos nacionais e internacionais —, envolvendo também as Forças Armadas, faz da Operação Acolhida um experimento inédito em termos de resposta humanitária em situação de migrações forçadas.

A reafirmação e o desenvolvimento da Operação Acolhida vieram juntamente com o início do governo de Jair Bolsonaro, em janeiro de 2019, quando mais estratégias para lidar com o fluxo migratório foram definidas e novos orçamentos foram aprovados. É importante destacar que a Operação Acolhida é considerada exemplar pela ONU, e que o Acnur se colocou como um parceiro sólido da operação.

A seguir, apresentamos algumas considerações gerais feitas pelos nossos entrevistados sobre a construção, a operacionalização e a efetividade da Operação Acolhida, bem como a visão sobre a participação de militares, do Exército brasileiro em particular, na resposta humanitária ao fluxo de pessoas migrantes e refugiadas da Venezuela para o país.

---

5 GÓIS, Pedro; SILVA, Jarochinski João. República Bolivariana da Venezuela: uma sociedade em debandada, um regime político em negação, um continente inteiro sob pressão migratória. As migrações como consequência da geopolítica global no século XXI. *Revista Brasileira de História & Ciências Sociais*, v. 13, n. 26, 2021.

Os entrevistados militares destacam a novidade da operação, algo inédito no país, e que não tinha precedente — o caso dos refugiados haitianos no Acre foi mencionado nas entrevistas como um exemplo negativo.[6] Destacam também as condições geográficas, de isolamento da região em relação ao resto do país em termos de distância e, principalmente, da falta de transporte terrestre, o que traz uma dimensão logística especialmente difícil. Eles enfatizam, contudo, que não se trata de uma experiência totalmente inédita, em termos da carreira, nem a criação de uma "capacidade militar" nova, em termos institucionais. Os militares já estavam acostumados a lidar com missões de caráter cívico-social junto a populações carentes, em operações de garantia da lei e da ordem (GLO) ou em missões de paz no exterior. Todas essas experiências guardariam elementos que também estão presentes, embora em alguma medida adaptados, na Acolhida. Eles enfatizam, contudo, o ineditismo do modelo da resposta brasileira à crise, baseado em três "pilares": ordenamento da fronteira, abrigamento e interiorização.

---

[6] O fluxo migratório haitiano para o Brasil teve início em 2010, após o terremoto devastador que atingiu o país, e aumentou nos anos subsequentes. Esse aumento revelou um cenário de crise migratória no Brasil, ou seja, os migrantes haitianos encontraram uma sociedade despreparada e antiquada em termos de legislação migratória, com baixa capacidade de dimensionar e tratar o fluxo migratório e suas consequências. A maioria dos migrantes e refugiados haitianos chegava ao Brasil pela cidade de Assis Brasil, estado do Acre, na fronteira com o Peru, ou por Tabatinga, no estado do Amazonas, de forma indocumentada e por meio de redes de aliciadores e "coiotes", marcados por práticas de extorsões contra os imigrantes. Segundo o Acnur, estima-se que 59.700 imigrantes haitianos entraram no Brasil entre 2010 e 2015 e aqui permaneceram. A falta de políticas de acolhimento e de inclusão dos refugiados e migrantes, o preconceito, o racismo e manifestações de xenofobia são questões evidentes quando se trata da vinda da população haitiana para o Brasil. Em fevereiro de 2021, haitianos ocuparam a ponte que liga Brasil e Peru, na tentativa de ingressar em território peruano. A Advocacia-Geral da União (AGU) tratou a ocupação da ponte como um caso de risco à segurança nacional e autorizou a Polícia Federal, a Polícia Rodoviária Federal e a Polícia Militar do Acre a liberarem a ponte. Fonte: <https://brasil.elpais.com/brasil/2021-02-20/fugindo-da-pandemia-no-brasil-haitianos-sao-reprimidos-na-fronteira-com-o-peru.html>. Acesso em: 27 jan. 2022.

A interiorização pode ser entendida como a principal estratégia do governo federal dentro da Operação Acolhida, quando se faz a realocação voluntária de migrantes e refugiados da Venezuela que se encontram nos estados de Roraima e Amazonas para outras partes do país, buscando melhores condições econômicas e sociais de integração. A importância de a estratégia de interiorização estar bem estruturada e funcionar na mesma velocidade dos outros dois pilares — ordenamento da fronteira e abrigamento — foi enfatizada pelos entrevistados militares, algo que nem sempre ocorreu. Nesse sentido, com o aumento do fluxo migratório e as dificuldades de realizar a interiorização, a Operação Acolhida destinou também bastante esforço e logística para a criação de abrigos, 14 no total, localizados nos estados de Roraima e Amazonas.

Questionamos os entrevistados, militares e civis, sobre o real sucesso do processo de interiorização e quais os mecanismos utilizados para acompanhar as pessoas interiorizadas em seus locais de destino, com relação a trabalho regular, moradia e alcance dos objetivos da resposta humanitária à crise migratória. No período em que realizávamos as primeiras entrevistas, a Operação Acolhida atingia o importante marco de 50 mil interiorizados. Hoje (janeiro de 2022) dados oficiais da Acolhida e do Acnur indicam que, por meio da estratégia de interiorização, mais de 66 mil pessoas migrantes e refugiadas foram realocadas para diversas regiões do país.

Os entrevistados civis destacaram que a estratégia de interiorização ganha protagonismo quando apresentada a outros países, em encontros regionais, pois nela o governo brasileiro estaria conseguindo equilibrar uma resposta humanitária emergencial com uma estratégia mais sustentável e duradoura de integração dos migrantes e refugiados venezuelanos. Todavia, nossas entrevistas indicam que não há hoje um mecanismo sistemático de avaliação das condições de vida desses migrantes e refugiados no pós-interiorização. Sem esses dados, é impossível avaliar objetivamente os efeitos da interiorização na integração dos migrantes venezuelanos às comunidades para onde são enviados. Ouvir os entrevistados sobre a estratégia de interiorização nos atenta para uma questão: a importância de discutir como o Brasil, um país que tem em seu processo histórico a recepção de imigrantes, tem lidado na contemporaneidade com uma questão que desafia a capacidade de absorção de mão de obra, sobretudo em tempos de crises econômicas, políticas e sociais. Esse desafio se constitui em tema fundamental do século XXI e vem sendo enfrentado por outras nações e tensionando a opinião pública.

Na visão dos militares entrevistados, o modelo da Operação Acolhida e seus três principais pilares foi construído ao longo do tempo, desde um início em que não havia nada organizado, até sua estabilização em processos já bem estruturados. Eles ressaltam o esforço coletivo envolvido nesse processo, visto como uma "operação interagências", no âmbito do governo federal brasileiro, mas também de coordenação com a ONU, através do Acnur, e com dezenas de organizações não governamentais de diferentes tipos, nacionais e internacionais, que atuavam na região. Em sua visão, tratou-se, acima de tudo, de um esforço de coordenação, e não de comando, de uma força militar não armada que se "sentava ao redor da mesa" com diferentes atores, sem imposições e com a percepção de que se tratava de um ambiente diferente: "um abrigo não é um quartel", como disse um entrevistado; ou, como disse outro, é preciso "mudar o disjuntor". Os três entrevistados civis concordam no geral com essa visão, da importância fundamental de ter havido *coordenação* entre diferentes agências e atores, embora deixem também registrada a impressão de que isso ocorria mais no início da operação. De qualquer forma, esse processo teria desfeito alguns estereótipos prévios e mútuos, presentes tanto entre os militares quanto entre os civis.

Até janeiro de 2022, 7.200 militares passaram pela Operação Acolhida, revezados em 12 contingentes.[7] Trata-se de um número

---

[7] Fonte: <https://www.gov.br/defesa/pt-br/centrais-de-conteudo/noticias/onu-considera-exemplar-atuacao-humanitaria-das-forcas-armadas-na-operacao-acolhida>. Acesso em: 2 fev. 2022.

significativo, quando se pensa no impacto da Operação Acolhida nas funções exercidas pelas Forças Armadas brasileiras. Os militares que entrevistamos gostam de detalhar a seleção e a preparação dos contingentes, trocados a intervalos que variam entre três e quatro meses. Questionados sobre a necessidade da troca periódica dos contingentes, apresentam duas razões principais: a de o maior número de militares possível passar pela experiência da Acolhida e a de não causar um desfalque permanente nos comandos de onde esses militares são retirados. De forma geral, avaliam a experiência de participar da Acolhida como positiva, tanto como militares, mas também como cidadãos e como pessoas. O resultado seria um legado positivo, em relação à imagem dos militares, embora talvez mais forte no exterior, junto às agências internacionais, do que para a sociedade brasileira, que daria importância e atenção menores à Acolhida.

Todos os entrevistados, civis e militares, foram questionados sobre qual a percepção deles da participação das Forças Armadas, em especial do Exército, em uma operação de caráter humanitário envolvendo políticas públicas de acolhimento e integração de migrantes e refugiados em situação de vulnerabilidade. Os entrevistados militares enfatizam a capacidade operacional e o preparo das Forças Armadas para atuar em uma diversidade de situações de crise, inclusive humanitárias, algo muitas vezes pouco conhecido da população civil. A Operação Acolhida transcorreu em paralelo ao aumento de exposição dos militares na mídia nacional, no meio acadêmico e na sociedade civil, devido ao alto número de cargos ocupados por militares no governo Jair Bolsonaro, movimento considerado por alguns analistas como uma militarização do governo brasileiro inédita desde o período do regime militar (1964-1985). Foge aos objetivos deste livro problematizar tal análise, mas é importante considerar o impacto da Operação Acolhida e sua contribuição no debate atual sobre as funções que as Forças Armadas devem desempenhar em um país democrático. As entrevistas nos dão uma dimensão da complexidade que é pensar esse papel para além do debate sobre uma militarização da crise migratória.

Os entrevistados civis reconhecem a importância de ter as Forças Armadas capitaneando a operação, sobretudo nos primeiros momentos, quando os eixos da resposta precisavam ser rapidamente decididos, e ações emergenciais tomadas, mas enfatizam que o diálogo interagências prevaleceu. Avaliam que, se inicialmente houve um receio sobre a militarização da resposta humanitária, com o desenrolar da operação a participação dos militares trouxe uma qualificação dessa resposta, reconhecida pela ONU. Destacam ainda que, apesar de ser algo inédito para os militares lidar com uma crise de migrantes e refugiados, a *expertise* da parte deles, que anteriormente haviam estado em missões no exterior, bem como o exercício do AmazonLog,[8] realizado pouco antes do início da Acolhida, foram fundamentais para o desempenho dos militares na operação. A experiência da Operação Acolhida, vale enfatizar, é vista como algo em transformação, desde um início que teria sido a construção de processos a partir "do zero". A chegada da pandemia de Covid-19, em março de 2020, também é destacada como um marco, uma "crise dentro da crise", um grande divisor da operação.

Finalmente, questionamos os entrevistados civis e militares sobre qual o futuro da Operação Acolhida, sobretudo no que diz respeito à participação das Forças Armadas. Os entrevistados afirmam que, após três anos de presença militar e com processos já organizados e estabelecidos, estaria na hora de reduzir e eventualmente retirar o componente militar da operação, transferindo suas funções para outras agências. No entanto, isso requer planejamento. Os entrevistados civis acham que ainda não seria o momento de uma retirada dos contingentes militares sem antes o Estado brasileiro promover o

[8] AmazonLog foi um exercício de logística multinacional e interagências realizado pelo Comando Logístico do Exército Brasileiro. Inédito na América do Sul, o exercício ocorreu na Região Amazônica, mais precisamente em Tabatinga, envolvendo a tríplice fronteira entre Brasil, Colômbia e Peru. Fonte: <www.eb.mil.br/amazonlog17/noticias/-/asset_publisher/BsJDxIc4XCbS/content/escola-de-comando-e-estado-maior-do-exercito-amazonlog-2017/8032597>. Acesso em: 2 fev. 2022.

devido preparo de um cenário em que a Acolhida pudesse continuar sem a participação das Forças Armadas.

Ouvir os coordenadores da Operação Acolhida nos auxilia, dessa forma, a dimensionar a resposta brasileira, sobretudo em sua vertente militar, para o fluxo migratório venezuelano para o Brasil. As entrevistas aqui apresentadas, realizadas da perspectiva da história oral, passam a compor fontes que servirão de apoio para pesquisadores de diferentes áreas de conhecimento que se interessam por pesquisar sobre a crise migratória venezuelana, a Operação Acolhida, a atuação das Forças Armadas brasileiras em respostas humanitárias e a atuação do Acnur e de outros organismos internacionais em território brasileiro.

Cronologia
Principais eventos do fluxo migratório venezuelano para o Brasil, base legal da Operação Acolhida e contingentes militares

- **Dezembro de 2016.** Autoridades brasileiras detiveram cerca de 450 venezuelanos para deportação — maioria de indígenas da etnia warao — que estavam acampados em Pacaraima (RR) e Boa Vista (RR). O governo do estado de Roraima, sob a administração da governadora Suely Campos (PP), decretou estado de emergência na saúde pública nas cidades de Pacaraima e Boa Vista.
- **Junho de 2017.** O Acnur chega a Roraima.
- **Novembro de 2017.** Primeiro abrigo para refugiados é inaugurado em Pacaraima, mantido pelo governo municipal com a ajuda de ONGs e da sociedade civil. O local é destinado a receber, principalmente, indígenas da etnia warao.
- **Dezembro de 2017.** O governo de Roraima decreta estado de emergência social.
- **15 de fevereiro de 2018.** Editada a Medida Provisória nº 820/2018, assinada pelo então presidente Michel Temer, posteriormente convertida na Lei nº 13.684, de 21 de junho de 2018, que dispõe sobre as ações de assistência emergencial para o acolhimento a pessoas em situação de vulnerabilidade, decorrente de fluxo migratório provocado por crise humanitária, aplicando-se especialmente ao caso dos migrantes e refugiados venezuelanos. Reconhece a crise humanitária emergencial e cria o Comitê Federal de Assistência Emergencial. Editado o Decreto nº 9.285/2018, que reconhece a situação de vulnerabilidade decorrente de fluxo migratório para o estado de Roraima,

provocado pela crise humanitária na República Bolivariana da Venezuela. Editado o Decreto nº 9.286/2018, que institui a governança da operação e define a composição, competência e normas de funcionamento do Comitê Federal de Assistência Emergencial para acolhimento a pessoas em situação de vulnerabilidade decorrente de fluxo migratório provocado por crise humanitária, envolvendo 11 ministérios e o Gabinete de Segurança Institucional da Presidência da República.

- **21 de fevereiro de 2018.** Editada a Resolução nº 1, do Comitê Federal de Assistência Emergencial – Governo Federal, que indica o general de brigada Eduardo Pazuello para a função de coordenador operacional da Força-Tarefa Logística Humanitária.
- **28 de fevereiro de 2018.** Editada a Diretriz Ministerial nº 03/2018, do Ministério da Defesa, que autoriza a execução da Operação Acolhida, sob coordenação do Ministério da Defesa, com o emprego de meios para o apoio logístico a órgãos públicos.
- **1º de março de 2018.** Editada a Instrução nº 01/2018, do EMCFA – Operação Acolhida – Emprego das Forças Armadas nas atividades logísticas para assistência humanitária no estado de Roraima.
- **9 de março de 2018.** Editada a Medida Provisória nº 823/2018, que abre crédito extraordinário de R$ 190 milhões para o Ministério da Defesa para financiamento do plano operacional e outras ações de assistência.
- **Março de 2018.** Início oficial da Operação Acolhida, que passa a contar com um rodízio de contingentes militares entre os comandos regionais do Exército brasileiro, para trabalhar em Pacaraima, Boa Vista (RR) e em Manaus (AM), recebendo os imigrantes venezuelanos que entram no Brasil pela fronteira norte, devido à crise humanitária vivida no país vizinho.
- **Março de 2018.** O 1º Contingente Militar chega a Roraima, proveniente do Comando Militar do Sul (CMS) e do Comando Militar do Sudeste (CMSE).

- **Junho a setembro de 2018.** 2º Contingente Militar chega a Roraima, proveniente do Comando Militar do Sul (CMS) e do Comando Militar do Sudeste (CMSE).
- **Julho de 2018.** Moradores de Pacaraima bloqueiam a rodovia BR 174, em protesto contra o intenso fluxo de imigrantes venezuelanos.
- **18 de agosto de 2018.** Manifestação da população de Pacaraima: acampamentos de imigrantes venezuelanos são destruídos.
- **Setembro de 2018.** 3º Contingente Militar chega a Roraima, proveniente do Comando Militar do Norte (CMN) e do Comando Militar do Nordeste (CMNE).
- **28 de outubro de 2018.** Jair Messias Bolsonaro é eleito 38º presidente do Brasil.
- **15 de janeiro de 2019.** 1ª Reunião do Comitê Federal do novo governo. Fica instituída a manutenção e o aperfeiçoamento da Operação Acolhida.
- **15 de janeiro de 2019.** Editada a Medida Provisória nº 880/2019, que abre crédito extraordinário de R$ 223,8 milhões para a Operação Acolhida.
- **Janeiro de 2019.** 4º Contingente Militar chega a Roraima, proveniente do Comando Militar do Oeste (CMO). Coronel Roger Hamilton Herzer é o chefe do Estado-Maior do 4º Contingente da Força-Tarefa Logística Humanitária para o Estado de Roraima (FT Log Hum RR).
- **Fevereiro de 2019.** O governo de Nicolás Maduro fecha temporariamente a fronteira da Venezuela com o Brasil.
- **Abril a julho de 2019.** 5º Contingente Militar chega a Roraima, proveniente do Comando Militar do Sudeste (CMSE). Coronel Aristóteles é o chefe do Estado-Maior do 5º Contingente da FT Log Hum RR.
- **Julho a novembro de 2019.** 6º Contingente Militar chega a Roraima, proveniente do Comando Militar do Sul (CMS). Coronel Marne Dias Real é o chefe do Estado-Maior do 6º Contingente da FT Log Hum RR.

- **Novembro de 2019 a março de 2020.** 7º Contingente Militar chega a Roraima, proveniente do Comando Militar do Leste (CML). Coronel Carlos Frederico Cinelli é o chefe do Estado-Maior do 7º Contingente da FT Log Hum RR.
- **Janeiro de 2020.** O general de divisão Antônio Manoel Barros assume a função de coordenador operacional da Força-Tarefa Logística Humanitária da Operação Acolhida, substituindo o general Pazuello.
- **Março a setembro de 2020.** 8º Contingente Militar chega a Roraima, proveniente do Comando Militar do Norte (CMN) e do Comando Militar do Nordeste (CMNE). Coronel João Roberto Albim Gobert Damasceno é o chefe do Estado-Maior do 8º Contingente da FT Log Hum RR.
- **17 de março de 2020.** Editada a Portaria nº 120, assinada pelos ministérios da Casa Civil, Justiça e Segurança Pública e da Saúde, que dispõe sobre o fechamento da fronteira e a restrição de entrada no país de estrangeiros oriundos da Venezuela, em razão da pandemia da Covid-19.
- **Setembro de 2020 a janeiro de 2021.** 9º Contingente Militar chega a Roraima, proveniente do Comando Militar do Planalto (CMP) e do Comando Militar do Oeste (CMO). Coronel Carlos Alexandre de Souza é o chefe do Estado-Maior do 9º Contingente da FT Log Hum RR.
- **Janeiro a maio de 2021.** 10º Contingente Militar chega a Roraima, proveniente do Comando Militar do Sudeste (CMSE). Coronel Vladimir Tadeu Ferreira Julio é o chefe do Estado-Maior do 10º Contingente da FT Log Hum RR.
- **Maio a setembro de 2021.** 11º Contingente Militar chega a Roraima, proveniente do Comando Militar do Sul (CMS). Coronel Júlio Cézar Dutra de Oliveira é o chefe do Estado-Maior do 11º Contingente da FT Log Hum RR.
- **31 de agosto de 2021.** O general de divisão Sérgio Schwingel assume a função de coordenador operacional da Força-Tarefa

Logística Humanitária da Operação Acolhida, substituindo o general de divisão Antônio Manoel Barros.

- **Setembro de 2021.** O 12º Contingente Militar chega a Roraima, proveniente do Comando Militar do Leste (CML). Coronel Janilson Campos Teixeira é o chefe do Estado-Maior do 12º Contingente da FT Log Hum RR.

Coronel Georges Feres Kanaan

O coronel Georges Feres Kanaan foi coordenador operacional adjunto da Operação Acolhida entre 2018 e 2020. Em 1990, concluiu o curso da Aman, em 1998, o da EsAO e, em 2006, o da Eceme. Em 2009, realizou o curso de Estado-Maior da Academia de Guerra do Chile. Em 2016, realizou o MBA Executivo em Administração, com ênfase em política e estratégia, pela FGV. Entre 2020 e 2021, foi assessor especial do ministro-chefe da Secretaria de Governo da Presidência da República e secretário especial de Articulação Social da Secretaria de Governo da Presidência da República.

Entrevista realizada em 12 de maio de 2021.

Vamos falar sobre a sua chegada na Acolhida. O senhor esteve desde o início, em fevereiro de 2018, não?
Sim, eu servia no Estado-Maior do Exército, na 3ª Subchefia, que cuida de política e estratégia. Foi quando o general Pazuello, que comandava a Base de Apoio Logístico do Exército, me ligou e falou: "Olha, eu estou precisando de um chefe de Estado-Maior, na Operação Acolhida". Eu perguntei: "O que é a Operação Acolhida?". Ele falou: "Não sei, mas nós vamos montar. É o acolhimento, o negócio do fluxo de imigrantes que está acontecendo lá em Roraima". Aí eu falei: "Ok, nós vamos construir essa operação. Quanto tempo, general?". Ele falou: "Três meses de operação". Aí eu fiquei dois anos e três meses. A gente não sabia...

Fui lá, aceitei o desafio. Depois, o general Pazuello saiu, foi comandar a 12ª Região Militar em Manaus. Eu permaneci com o general Barros, mas mudei de função e passei a ser o coordenador operacional adjunto. O chefe do Estado-Maior passou a trocar junto com os contingentes. Sentávamo-nos na Casa Civil, na sala de reunião, juntamente com as agências da ONU — particularmente o Acnur e a OIM — e o Ministério da Defesa. "Vamos construir a operação: vamos pegar um modelo." Não tem. Um modelo no país, não tem. O modelo dos haitianos no Acre é de "como não fazer", é um mau exemplo. A ONU não tinha nada similar para oferecer. "Vamos copiar o quê? Da Síria, do México, das Coreias?" Não tem. "Então vamos botar a nossa criatividade, o nosso jeito." Começamos a desenhar, colocamos no papel, enquanto as coisas estavam ocorrendo. O presidente da República — na época, o Temer — foi lá, viu *in loco* o que estava acontecendo, tanto em Pacaraima quanto em Boa Vista. Declarou ali a emergência, criou o Comitê Federal de Assistência Emergencial e nós começamos a montar a operação. Foi no início de março.

Por que a experiência dos haitianos no Acre é de "como não fazer"?
Lógico, a gente não pode nem comparar o que é o fluxo hoje, vindo da Venezuela, com o dos haitianos. Mas, podemos dizer que, no início, houve um grande afluxo e a decisão local foi simplesmente colocar em

ônibus e levar para o resto do país. Resolveu? Resolveu. Mas foi uma coisa bastante criticada na época. Não houve uma estrutura de acolhimento, de triagem. Simplesmente se transferiu o problema. Chegava, colocava no ônibus e levava para onde for, no resto do país, São Paulo principalmente. Não houve nenhum acolhimento. Mas, logicamente, isso não teria nunca condições de ser feito com os venezuelanos, pelas condições geográficas.

Se a gente for pegar o que ocorreu no Brasil, nós não temos exemplo. "Ah, mas nós somos um país de imigrantes." Mas nós estamos falando não de uma imigração em que as pessoas vieram pelos fatores atrativos, pelo que tem no país, como os árabes, os alemães, os italianos e por aí vai. É diferente. Eu sou filho de libanês, de imigrante. É diferente. A dos venezuelanos é uma migração forçada, na qual as pessoas estão fugindo por falta de opção. Eu digo que o Brasil não é uma opção: é porque eles não têm opção. Cito um exemplo: em Pacaraima, uma família estava no chão, sentada, naquela época de chuva. As crianças com essas feridinhas, perebinhas e tal, de picadas. Então, eu perguntei: "Vocês tinham casa na Venezuela?". "Tínhamos casa." "De vocês ou do governo?" "Nossa." "Será que lá não estaria melhor do que aqui na rua?" Eles falaram assim: "Coronel, lá eu não consigo comprar um quilo de arroz. Não tenho mais acesso a saúde. Aqui, se eu fizer uma diária e me derem 50 reais, por mais que eu saiba que eu poderia ganhar mais, com 50 reais eu consigo comprar comida e as pessoas ainda vão passar, olhar para mim, vão sentir pena e vão me dar alguma coisa. Lá, a gente não consegue isso. Ou seja, do jeito que eu estou, na rua, eu estou melhor do que lá". Ou seja, é sobrevivência.

Mas como foi lidar com essa novidade? O Exército tinha a experiência das Aciso, tinha missão de paz, tinha GLO, mas não era a mesma coisa. O que havia de diferente na Acolhida? Era a proporção? Era a natureza logística da coisa?

O pessoal me pergunta se a parte mais difícil é a logística. Eu falo com toda a tranquilidade que não. Nós somos preparados para fazer uma logística pesada, uma logística de guerra, uma logística que envolve mortes, feridos, hospitais, munição, armamento, comando e controle, guerra cibernética, em um grande espectro. Uma hora você está defendendo, uma hora está atacando, outra hora você está apanhando. Nós somos preparados para uma logística pesada. Então, a logística não foi o mais difícil. Pelo contrário. Eu digo isso: as dificuldades são inerentes à região, de você estar no extremo norte do país. Você chega por terra, se sair de Manaus. Ou você chega por barco, pelo mar, depois o Amazonas e depois o rio Branco, que também é navegável. Chega ali em Caracaraí, mas não adianta, não passa. Então, temos as condições de um estado que geograficamente é isolado. Tem uma baita floresta e um rio como obstáculos.

Uma coisa que facilitou o planejamento foi o exercício feito em novembro de 2017, o AmazonLog, feito em Tabatinga, no Amazonas, na tríplice fronteira com o Peru e a Colômbia. A operação envolveu quatro países com tropa — Colômbia, Peru, Estados Unidos e o próprio Brasil — e mais 24 países como observadores. Várias empresas ofereceram seus produtos de caráter dual. Muitas agências, ONGs. Fizemos um baita exercício em uma região a que só se chega pelo rio ou pelo ar. Então, ali foi, realmente, um desafio. O AmazonLog nos permitiu uma experiência também na parte de contratação. Muitas atas dos processos licitatórios que foram usadas no AmazonLog estavam ainda vigentes. Isso favoreceu a parte de contratação de serviços, de aluguel de estruturas etc. A parte do militar, eu acho que desde a época de cadete, na Aman, ou do aluno na Escola de Sargentos, toda operação que a gente faz tem sempre o lado cívico-social. Então, se a gente vai fazer uma operação em uma região carente, além da parte do treinamento, temos aquela preocupação de levar o apoio médico, veterinário, odontológico; cartório, corte de cabelo, banda de música, assistência... Ou seja, nós fomos acostumados com isso.

Mas na Acolhida havia mais de 100 agências envolvidas, não eram só os militares. Ali não havia uma cadeia de comando, embora o Exército tivesse, evidentemente, mais condições operacionais. Como era lidar com essas agências todas, sem ser na lógica militar, de comandar?

As Forças Armadas são um dos atores da grande Operação Acolhida, que é uma operação interagências. É uma operação do governo federal. Há que se destacar que é diferente, por exemplo, de uma missão de paz, que é uma missão da ONU com o apoio do governo federal, por meio de civis e das Forças Armadas. A Acolhida é uma operação do governo federal com o apoio de agências da ONU, de organismos internacionais, da sociedade civil — envolvendo aí entidades filantrópicas, entidades religiosas, organizações não governamentais. A realidade é a seguinte: quando nós chegamos, já tinha gente atuando. Estava um caos. Nós chegamos lá com Pacaraima colapsada. As pessoas, em Boa Vista, ocupando ruas, praças. Quem estava lá? Tinha algumas organizações de igrejas locais — Metodista, Mórmons, Igreja Católica e outras — com atuação limitada, mas não deixando de atuar. Tínhamos a Fraternidade — Federação Humanitária Internacional, que atua em vários países. E o Acnur. Ponto. Mas a gente tinha que fortalecer, potencializar e criar uma uniformidade nisso daí.

Então, nós chegamos e assumimos a coordenação. A coordenação operacional ficou a cargo, na época, do general Pazuello. Uma operação totalmente interagências. A partir daí, as outras agências da ONU foram chegando ou ganhando protagonismo maior — como, por exemplo, a OIM, que chegou tratando da interiorização e hoje trata de tudo. Na época não tínhamos o Unicef, não tínhamos o UNFPA, não tinha a ONU Mulheres. Eles começaram a chegar aos poucos, ao mesmo tempo que foram chegando as ONGs — Exército de Salvação, Palhaços sem Fronteiras e por aí vai. Uma coisa que é realidade e eu fico muito tranquilo de dizer é que, quando a operação começou a ganhar força, reconhecimento — ou seja, quando o filho começou a ficar bonito — aí apareceu mais gente querendo ser tio, padrinho e tal. Houve um afluxo maior. Com isso, nós crescemos, com mais de 100 agências. Quando eu digo "agências", envolve órgãos federais, estaduais, Polícia Federal, segurança pública como um todo. Alguns são de forma participativa, ou seja, estão lá desde o início. Outros, colaborativa: participa, dá a volta no mundo e vai ali. Outras são contratadas pelas agências da ONU como parcerias. Até hoje a gente tem renovação, com órgãos novos atuando, até mesmo no próprio Comitê de Assistência Emergencial. Na última reunião, foi deliberada a entrada de um novo ministério, que é a Secretaria de Governo, pelas suas competências.

Então, ela foi crescendo e se tornou a maior operação interagência que esse país já viu. "Ah, mas e as Olimpíadas?" Nas Olimpíadas, houve uma participação muito grande de vários atores, sim, mas em um período limitado. Entre preparação, execução e desmobilização, vamos botar uns dois, três meses. Quanto à Acolhida, nós estamos falando de uma operação que já está com três anos. E que prossegue. E ela é totalmente interagência. A gente planejou interagência, executou interagência, conversamos, resolvemos as crises de uma maneira interagência. É uma coisa muito bacana de se ver. Eu sempre destaco algo que nunca tinha visto: as entidades religiosas que, sem proselitismo nenhum, sem recrutamento, a gente vê o católico ajudando o mórmon, que dá o transporte, que chega no abrigo espírita, mas quem arrumou o emprego foi o metodista, mas tem o adventista... e por aí vai. A gente se sentava ao redor da mesa e não tinha essa de que "eu faço isso, eu não posso isso". Eles trabalhavam com a finalidade de realmente ajudar o imigrante ou o refugiado no seu acolhimento, no seu abrigamento e, principalmente, na sua integração socioeconômica ao resto do país, que é a nossa estratégia de interiorização.

O pessoal das organizações que estavam atuando lá, eram pessoas locais que tinham já uma relação prévia com a comunidade local?
Variava muito. Posso dizer que a maioria vinha de fora. O que é "vir de fora"? Por exemplo, o Acnur e a OIM não têm escritório em Boa Vista. O Acnur tinha escritório em Manaus. Hoje, existe escritório da OIM e do Acnur em Boa Vista, e da OIM agora em Manaus. Então, foram

criadas agências da ONU, que têm escritórios em outros estados, e que chegaram lá. As ONGs ou entidades... Por exemplo, o Rotary. Existe uma representação em Boa Vista, sim, mas lógico que teve que fazer uma mobilização nacional para poder atuar. Até internacional. Há ONGs que são totalmente internacionais. Por exemplo, o Palhaços sem Fronteiras. É uma ONG internacional. Ela ia de vez em quando. Muitas se estabeleceram lá. A AVSI Brasil, com sede em Salvador, na Bahia, é a principal, italiana, ela foi contratada, é uma parceira do Acnur. Hoje, a AVSI cresceu, está trabalhando em vários setores, inclusive apoia o estado e o município no que pode. Teve a NRC, que é norueguesa, mas o escritório é na Colômbia, esteve muito tempo na operação, depois saiu. A Fraternidade sem Fronteiras, com sede no Mato Grosso, que atua muito na África, também veio de fora, mas fez contato com um empresário que mora em Boa Vista, que foi voluntário para ajudar, e ele é o representante da Fraternidade em Boa Vista. Pela característica do estado, que tem 650 mil habitantes, e a própria capital, com 450 mil, eles não tinham condições, por si sós, com as suas organizações civis, de estar atuando. Então, muita gente veio de fora, veio conhecer, veio saber como é que é. A Cáritas nacional chegou contratando pessoas ali. Muita gente foi contratada para poder trabalhar nessas organizações. A própria Fraternidade Humanitária Internacional não tem o hábito de contratar. Quem trabalha é porque foi lá, tem os seus votos, tem os seus critérios para compor. Ela cresceu tanto que teve que contratar mão de obra local, que não precisava seguir as regras da Fraternidade, era como contratado, não era efetivo. A OIM contratou muita gente, inclusive venezuelanos, e contrata ainda. O Acnur, com seu modo de contratação também, que é diferente. O UNFPA. Então, é isso. A maioria, eu creio, veio de fora. Se tivesse um nucleozinho ali dentro, uma maçonaria e tal, ela teve que pedir ajuda e ter um apoio de fora.

Como foi o relacionamento com o poder político local? Houve situações em que o prefeito de Pacaraima ou também parlamentares, juízes, tomavam atitudes em relação aos refugiados. Houve um momento em que ocorreu fechamento de fronteira, manifestações contra os refugiados, ou reclamações de que estavam prejudicando o sistema de saúde. Como era lidar com essa população e com o poder político local?

É importante nós falarmos das fases. Estamos falando de uma operação de três anos. Ela começou em um governo estadual e nós tivemos as eleições de 2018 para 2019. Em termos de governo federal, não mudou nada, porque o governo do Bolsonaro disse que "vamos prosseguir, sim, com a Operação Acolhida, iniciada no governo Temer". O próprio presidente Bolsonaro disse: "Eu jamais poderei dar as costas para um país irmão. Independentemente se eu concordo ou não com o tipo de regime que está lá, nós temos que apoiar". O vice-presidente, eu lembro de uma fala em que ele disse: "Eu morei dois anos na Venezuela. É um país maravilhoso. Nunca vamos fechar as portas para a Venezuela".

A pandemia é outra coisa que tem que fasear: é uma crise dentro da crise. Até a pandemia, o Brasil nunca fechou a fronteira com a Venezuela. A Venezuela, sim, fechou a fronteira. Quando tem votações, eles fecham todas as fronteiras, com todos os países. Houve também o fechamento ali em fevereiro de 2019, em que houve conflitos entre civis e militares venezuelanos. Da parte do Brasil, não. Agora, com a pandemia, sim. Houve o fechamento de ambos os lados, que é outra coisa. É um fechamento mundial. Ocorreu em todas as partes do mundo, e ainda ocorre, com as devidas restrições. No primeiro governo, da governadora,[9] era muito difícil. Em nível estadual, zero diálogo. Era "quanto pior, melhor". Era muito difícil termos apoio do estado no primeiro ano, em 2018. Inclusive, a gente precisava de áreas para fazer abrigo, fazer triagem. Quais são as áreas? Ou é do estado, ou é do município ou é da União. Quando a área era da União era fácil: ia na SPU, ajeitava, via de quem era. Quando era área indígena, era um

---

[9] Referência ao governo de Suely Campos (PP).

problema sério. No nível municipal, em 2018 não tivemos problema, o município apoiou muito, inclusive auxiliando a preparação em áreas que a gente conseguiu, cedidas pelo estado ou que o estado já estava usando como "abrigo", entre aspas. Por exemplo, o abrigo indígena Pintolândia. Aquilo lá não era um abrigo, era um amontoado de gente. Bem, com a mudança do governo do estado, nós conseguimos mostrar para o novo governo — a partir de 2019-20 — o que era a operação. Tem que aproveitar a operação, tem que olhar para o imigrante como uma oportunidade, como uma solução, e não como mais um problema. Se souber surfar nessa onda, só vai colher frutos.

Eu lembro que houve uma intervenção federal no estado de Roraima em novembro-dezembro de 2018 em que o próprio coordenador operacional — general Pazuello — foi o secretário de estado da Fazenda, acumulando. Houve intervenção também na Secretaria de Segurança Pública. O próprio governador eleito assumiu antes, como interventor. Ficamos ali um período na intervenção, de dezembro até meados de fevereiro. Era uma intervenção federal — acho que não tem precedentes disso no país — lá no estado de Roraima.[10] Isso nos ajudou a aproximar do estado, a mostrar: "Nós estamos juntos, o governo está em apoio". Uma vez eu perguntava para alguns militares: "Sabe por que as Forças Armadas estão aqui? Porque o governo não conseguiu dar um retorno". Porque não é uma função nossa. Quando as Forças Armadas são empregadas em GLO em comunidades, em favelas, é porque os meios que a segurança pública tem, ela não conseguiu ser efetiva. O governo teve que pedir ajuda. Bem, não entrando muito nessa seara... Então, nós tivemos: no nível federal, nada mudou, continuamos com apoio, com a mudança de governo — tanto que a operação segue até hoje.

---

10 Em dezembro de 2018, o presidente Michel Temer decretou intervenção federal em Roraima, sob alegação de crise social emergencial e crise no sistema prisional. A governadora Suely Campos (PP), em final de mandato, foi afastada do cargo, e o governador eleito, Antônio Denarium (PSL), foi indicado interventor. Fonte: <https://g1.globo.com/rr/roraima/noticia/2018/12/08/entenda-a-intervencao-federal-em-roraima.ghtml>. Acesso em: 18 nov. 2021.

Nível estadual: primeiro ano, sem diálogo, muito difícil; no segundo e terceiro anos, já favorecidos. No nível municipal: nunca deixamos de ter o apoio, mesmo mudando com as eleições do ano passado. Em Pacaraima, manteve o prefeito. Havia, às vezes, umas divergências, mas eram resolvidas com diálogo, bom senso e a gente conseguiu realmente trabalhar direitinho.

Em fevereiro de 2019, Maduro fechou a fronteira, com tropas em Santa Helena, que é perto da divisa com o Brasil. Acusou que a ajuda humanitária era um pretexto americano para intervir no país. Houve confrontos com manifestantes da oposição. Também teve o episódio do Guaidó se autodeclarar presidente. Como vocês acompanharam essa crise, ali do outro lado da fronteira?
Os estopins, as causas, foram a autodeclaração do Guaidó como presidente e a anunciada ajuda humanitária que entraria via terrestre pela Colômbia e pelo Brasil. O presidente Maduro decidiu não autorizar e fechou a fronteira. Quando as viaturas que estavam com os suprimentos... Eu, agora, vou falar do Brasil. Não vou falar da Colômbia nesse episódio, porque existem as diferenças da fronteira da Colômbia com a Venezuela e do Brasil com a Venezuela. Então, houve recursos do Ministério da Defesa, na parte de medicação, e também o apoio de 178 ou 180 toneladas de grãos, de bens não perecíveis, mas a fronteira já estava fechada. Até botaram um caminhão pequeno, só para caracterizar que não ia passar. Aquilo ali gerou a confusão. Existiam venezuelanos do lado do Brasil que começaram a tapar o rosto, se armar de pedras, garrafas, pedaços de pau, agredindo os militares venezuelanos que estavam do outro lado realizando o bloqueio. Começou o lançamento de pedra. Joga para lá, joga para cá... A imprensa nacional e internacional já estava fortemente lá.

O que estou contando é o que eu presenciei, o que eu vi. Em momento algum houve conflitos entre brasileiros e venezuelanos. Pelo contrário, a Força-Tarefa Logística Humanitária é 100% desarmada. Para não dizer 100%, temos um Pelotão da Polícia do Exército que serve para a proteção das nossas instalações, dos agentes que trabalham, com alguma escolta. Paralelamente à Operação Acolhida, temos a Operação Controle, responsável pela prevenção e combate a ilícitos transfronteiriços, que é feita pelo Exército brasileiro, representado ali pela 1ª Brigada de Infantaria de Selva, já existente no local desde 1993, quando ela veio de Petrópolis. A nossa força-tarefa é totalmente humanitária, desarmada.

Na época, por unidade de comando, foi determinado que eu assumisse para controlar. O que fizemos? Contivemos os venezuelanos por parte do Brasil. Afastamos. O outro lado viu, os militares venezuelanos viram que a gente estava tirando eles. Eu solicitei para parar. Porque você tem uma linha seca. Eu estou brigando com você, jogo uma pedra em você, você abaixa, a pedra vai cair no território. Eu agredi você. Por consequência, caiu. Eu não joguei uma pedra no seu país. A mesma coisa com o gás. O cara jogou gás. Dependendo das condições do vento, o gás vai ou o gás volta. Mas nenhuma granada caiu dentro do Brasil. Então, não houve uma agressão entre países. Pelo contrário, nós nunca tivemos problema. Separamos, criamos um bolsão de segurança. Dos 2.199 quilômetros de fronteira com a Venezuela, 958 são só com o estado de Roraima. Tem um ponto só de passagem local, que é Pacaraima, e uma fronteira seca enorme. Bem, fizemos o bolsão, colocamos a nossa Polícia Rodoviária Federal, Polícia Federal, com as viaturas, inclusive, voltadas com a frente para o Brasil, para controlar a entrada. Ali ninguém podia mais entrar. Não podia ter repórter e tal, para garantir a segurança. Eu conversei com alguns oficiais-generais, coronéis da Venezuela, que disseram: "Sem problema nenhum...".

Houve então uma conversa, um entendimento com militares venezuelanos?
Sim, várias vezes. Eu ia lá, conversava. Inclusive eu ia até, às vezes, a fronteira. Quando nós tínhamos 47 caminhões, se não me engano, parados, presos lá na Receita Federal, no pátio, da Venezuela — a maioria descarregado, precisando voltar —, me deram a delegação de

fazer uma negociação. Eu me encontrei com o governador do estado de Bolívar, que já era o Justo. Ele disse que a fronteira não ia ser aberta, mas consegui passar os caminhões, eles vieram. Então, não teve problema nenhum. Mas sempre com diálogo. E demorava, não é? Quando os nossos brasileiros que estavam no monte Roraima — quarenta e poucos — ficaram presos em Santa Helena, foi com muita negociação — apoiados pelo vice-cônsul do Brasil em Santa Helena — que conseguimos que essas pessoas voltassem. Então, com calma, com diplomacia a gente conseguiu, durante todo esse tempo, evitar qualquer outro tipo de conflito. Só houve conflito naqueles dois dias e mais nada. Depois, era a área de segurança e a fronteira. Quem quisesse sair do Brasil para a Venezuela, ia à vontade. Agora, de lá para cá eles não deixavam. Aí, o que aconteceu? Começaram a passar pelas *trochas*, que são os caminhos ilegais. Teve um dia, em abril, em que 911 pessoas cruzaram a fronteira de lá para cá, com ela fechada. Ou seja, eu dizia: "A estrada está bloqueada; a fronteira, eu não sei se está fechada, porque ela é permeável". Aí começa: pagamento de propina, indígenas venezuelanos cobrando... Como hoje tem o comércio lá dos *trocheros* e essa confusão toda.

O senhor mencionou a diferença com a migração para a Colômbia, poderia falar mais sobre isso?
A média de entrada de venezuelanos no Brasil por Pacaraima em 2018 foi de 505 por dia. Em 2019, 523-25. Em 2020, eu não tenho esse número, mas foi bem menos por causa da pandemia. Dessas pessoas que entram, metade entra e vai embora: "Eu sou turista, vou visitar fulano". A outra metade fala: "Olha, eu queria residência ou refúgio". Desses 270 pedidos de refúgio, 10% falam assim: "Eu queria, mas também o máximo que eu consigo chegar é até aqui. Eu não tenho para onde ir, eu estou doente, não sei o quê...". Então, esse é o cliente ali da Operação Acolhida. O resto só queria residência, refúgio e consegue prosseguir por meios próprios. Só que 30 pessoas por dia, multiplica por mês, dá 900. Bota 900 pessoas na rua em Boa Vista. Se botar em

São Paulo, some. Em Boa Vista, se bota 900 por mês, desses 2.800, aí acabou, virou um caos.

Em compensação, na Colômbia tem sete pontos legais de passagem, fora as *trochas*. Então, essa já é uma diferença. Lá são de 15 mil a 25 mil pessoas que cruzam a fronteira por dia. Nós somos 500, na média. Além disso, uma pessoa cruza a Colômbia andando ou de carona, e em 15 a 20 dias chega no Equador ou no Peru. A pessoa que entra em Pacaraima e começa a andar, com 15 dias, se ela tiver um preparo muito bom, ela está chegando em Boa Vista. Tem gente que chegava em Boa Vista e falava: "Eu quero ir para o Brasil". O cara já estava no Brasil, em Boa Vista. "Poxa, me leva para Manaus que de lá eu dou um jeito de pegar carona." Eu falei: "Meu amigo, carona de quê? Avião ou barco? Porque não tem estrada". "Ah, não tem?" Então, tem esse aspecto do país continental que nós somos: a distância. Idioma: o colombiano, idioma espanhol; nós, o português. Então, existe essa resistência do idioma, principalmente para as classes mais baixas. A grande imigração que teve na década de 1980, Colômbia-Venezuela. O que acontece? Laços familiares, laços de amizade, negócios. Então, tinha muita gente que teve esse favorecimento pelos laços. Já o Brasil não é o principal país de destino. Era o quinto ou o sexto. Era um país de passagem. Tem muita gente que vem para cá pela facilidade de poder chegar ao Paraguai, ao Chile, ao Uruguai e a outros países. Os estados venezuelanos que estão eixados com o Brasil — o estado de Bolívar, por exemplo — são menos populosos, em comparação com os estados eixados com a Colômbia, é a Gran Sabana. Outra característica: a forte exploração do ouro. As minas no estado de Bolívar retêm os mineiros. São, então, essas diferenças que nós temos (que eu, pelo menos, conheço) entre esse grande afluxo na Colômbia e esse que tem no Brasil.

O senhor disse que a grande maioria das pessoas que estão passando ali não é "cliente" da Operação Acolhida. São pessoas que entram e ou depois voltam, ou que sozinhas acham um caminho para outro lugar — para Manaus, para São Paulo?

Isso que eu falo é dado comprovado. Inclusive, se quiserem saber quantas crianças, quantas grávidas, quantos soropositivos, quantos foram vacinados... tudo é controlado dia a dia na Operação Acolhida. A média real — vamos voltar a 2019 — era de 523 pessoas. Antes disso, existe o pêndulo transfronteiriço. Esquece a pandemia. Com a fronteira aberta, quantas pessoas cruzam a fronteira da Venezuela para o Brasil por dia? Quatro a 6 mil pessoas. Tem gente que mora em Santa Helena — uma cidade a 17 quilômetros da linha de fronteira — e estuda ou trabalha em Pacaraima. Ou o contrário. Tem gente que vem comprar. Tem gente que vem duas vezes, gente que foi contada duas vezes. Então, de 4 a 6 mil pessoas cruzam a fronteira. É um pêndulo enorme. Muitas vezes, se ela tiver que passar pelo posto da Receita Federal, aí sim ela vai ter que ter passaporte ou carimbar o visto etc. na Polícia Federal. Por exemplo, eu morava em Boa Vista. Quando eu ia fazer compra em Santa Helena, eu não precisava, eram cidades transfronteiriças, estava naquele ambiente. Isso acontece em outras partes, outras fronteiras do Brasil, no Sul, no Centro-Oeste. Então, este pêndulo é muito grande. Comerciantes, taxistas, ônibus, carga, consulta médica, compra de remédio etc. vão e voltam.

Agora, vamos àqueles que realmente estão saindo para vir para o Brasil ou para usar o Brasil como passagem. Em 2019, foram 529 pessoas. Metade se declarou turista, ou qualquer outro tipo. Ou seja, não querem refúgio, nem residência temporária. Alguns passaram, outros tiveram que retornar, e por aí vai. Até hoje tem gente retornando. Ontem, se não me engano, foram 16 pessoas retornando para a Venezuela. Então, essas pessoas não precisam de ajuda nenhuma. Elas têm que passar na Polícia Federal, para controle migratório e para registrar a entrada. A outra metade: "Eu quero residência temporária ou solicitação de refúgio". Enquanto ela for solicitante, ela tem todos os direitos do refugiado ou já do residente. Dessa metade — duzentos e poucos —, nem todos são desassistidos, pelo contrário. Ainda bem, porque senão já tinha estourado há muito tempo. Imagina, 250 pessoas já é o efetivo de um abrigo pequeno. Então, aí você tem 10%, às vezes dá 10 pessoas, 30 pessoas. Essas pessoas, nós temos que pegar no colo, temos que colocar em um abrigo, temos que levar para Boa Vista, elas pedem ajuda para a interiorização. Então, é este o número real. Parece pouco? Eu falei: 30 em um dia. Multiplica isso aí em uma semana, em Pacaraima. Pacaraima não tem nada. Então, esse aí é o dado real da operação.

A pessoa que não precisa de ajuda, o contato dela com a Operação Acolhida nunca acontece, ela nunca passa pela estrutura de vocês?
Para não dizer que não acontece, acontece. Por quê? Porque a Polícia Federal, que é a responsável pelo controle migratório na fronteira, pelas características das instalações dela, que são pequenas, e pelo fluxo grande, ela trabalha dentro da estrutura montada pela Operação Acolhida. Então, ali tem a fila para brasileiro, tem a fila para estrangeiros não venezuelanos, e a fila para venezuelanos. Então, para não dizer que ela não passa por ali, todo mundo passa.

Quando veio subitamente a pandemia, com a decretação do estado de emergência sanitária, como isso impactou na logística e na orientação da operação?
A pandemia: uma crise dentro de outra crise. O coordenador operacional da época era o general Barros. Nós tentamos uma aproximação com o estado, com o município, e vimos que a gente ia ter que ter a nossa própria solução. Porque o estado já tem as suas dificuldades. Eu destaco que o fluxo migratório não é o responsável — na época, estávamos em 2018 — pela situação que estava na parte, por exemplo, de segurança, saúde e educação. Pelo contrário. Pode ter piorado o que já estava ruim. Quando a operação chegou lá, já tinha denúncia de transporte escolar, de merenda escolar, o filho da governadora estava preso; já

havia e até hoje tem intervenção nos presídios; a parte de saúde, os hospitais já estavam... Já era uma coisa complicada e complicou mais ainda. Então, não é a causa. O general Barros decidiu: "Vamos estabelecer protocolos para tudo". Era aquela época de "usa máscara, não usa máscara, pode máscara, a máscara atrapalha, quanto mais roupa melhor, pelo contrário, fica na roupa...". Aquela loucura de quando começou, em março. Em janeiro, a gente via notícia do que acontecia na China. Começou em fevereiro e eu acho que a ficha caiu, começou a impactar mesmo, em março.

Aí foi decidido criar uma "área de proteção e cuidados". Primeira decisão: descer o hospital de campanha de Pacaraima para Boa Vista. Começamos a montar. Contrata, verifica que recursos são, se pode ou não dispensar de licitação, pede apoio... Virando noites e noites, junto com agências da ONU, junto com ONG... Então, foi um trabalho muito interagência e nós construímos uma área de proteção para suspeitos e uma área de cuidado para casos, inclusive gravíssimos, de internação, melhor do que o hospital geral da cidade. Ao mesmo tempo, protocolos rígidos: nos abrigos, na rodoviária — que é um posto de recepção e apoio que nós temos — e, inclusive, em ocupações espontâneas, que são imóveis abandonados, ocupados, que a gente cuidava também, levava assistência, a parte de Wash, de higiene, de doações.

Então, teve protocolo para tudo o que imaginar, e toda semana era atualizado. Deu certo. Por que eu digo que deu certo? O primeiro venezuelano contaminado foi um mês depois do primeiro brasileiro. A gente contava nos dedos. Ali tinha tudo para aquilo virar um caos. Pega um abrigo, um Rondon 3, de 1.100 pessoas. Imagina como ia estar a situação do abrigo. A população abrigada: 6 mil. As ocupações espontâneas: mil e tanto. Rodoviária: 500, 600... mais nós, a força-tarefa, as agências e tal. Eu mesmo fui um dos primeiros, da força-tarefa, a pegar a Covid, 7 de abril. E correndo contra o tempo. Então, o número de contaminação dos venezuelanos foi baixíssimo, graças a Deus. Depois que aconteceu a área de proteção e cuidados, era uma alegria. Aí, sim, o general Barros conseguiu uma conscientização, uma contratação de médicos. Houve, na construção daquilo ali, os quatro principais atores: a Operação Acolhida, o estado, o município e a Universidade Federal de Roraima, que nos ajudou muito. E os órgãos: o Ministério Público, Defensorias Públicas... Todas juntaram o braço para poder sair e dar certo: contratação de médicos, tentar contratar médicos estrangeiros, briga com CRM, o que pode, o que não pode... Graças a Deus, deu certo, é comprovado pelo número de contaminações.

Sabem de outro detalhe muito interessante? A Operação Acolhida nunca parou por causa da pandemia, ela continuou. A média de interiorizados, a nossa meta e média, era de 3 mil/mês. Nós baixamos a meta para mil e todo mês atingimos a meta. Nós continuamos a fazer a interiorização. Em vez de 44 em um ônibus para levar para Manaus, botava 22. Hoje a média para interiorização subiu para 1.500. Consegue atingir, mais ou menos. Graças a Deus, senão já tinha uma bolha enorme acontecendo. Então, foi isso. Protocolos cobrados. Tinha protocolo de cobrança do protocolo: percorrer para ver se estavam cumprindo. Na época, era eu. Mas a gente tinha que fiscalizar se tinha alguém fiscalizando. Então, graças a Deus, a gente conseguiu conter isso daí, manter em números bem "aceitáveis". É um termo esquisito. Eu acho que nenhuma morte é aceitável. A coisa é impressionante. Eu perdi um irmão também há pouco tempo. É isso aí... A gente conseguiu superar.

O senhor mencionou as Olimpíadas, uma atuação de três meses, basicamente. Uma GLO também tem um tempo determinado. A Acolhida tem três anos. Não é missão-fim das Forças Armadas, do Exército, ficar permanentemente tomando conta disso. Já se fala em diminuir o contingente, a participação militar, embora a crise continue. Como o senhor vê isso?

No início, foi reconhecido que não teria outra instituição com a capacidade para dar uma resposta como foi dada. Para vocês terem uma ideia, nós chegamos em março, e em sete meses a operação estava montada. Tudo, praticamente, os abrigos, em sete meses. Tinha abrigo que começou a ser construído antes do outro terminar. Noites viradas. Houve, logo no início, uma acusação, pelo próprio Conselho Nacional de Direitos Humanos, de militarização da humanização. Aí começaram a perguntar para as agências, para as ONGs e tal, e eles falaram: "Olha, não tem militarização nenhuma. Pelo contrário, tem gente aqui das Forças Armadas que está mais humano do que uma outra agência que está fazendo exigência técnica de que a distância de uma barraca para a outra tem que ser quatro e meio". Eu falei: "Poxa, vamos negociar 4,3 metros, porque de 20 em 20 centímetros eu ganho mais 10, mais uma fileira. Essa fileira comporta 40 pessoas. São 40 pessoas que eu tiro da rua e coloco...". Ou seja, esse argumento caiu rapidinho. Porque não fomos nós que respondemos, foram as agências, os civis, que responderam. Tinha gente que falava: "Olha, eu não conhecia esse lado do Exército, das Forças Armadas. Eu sinto orgulho. Eu vejo que, realmente, é o meu Exército. O Exército serve para a gente".

A gente começou agora: "Olha, a gente não pode ficar para sempre, alguém tem que assumir isso daqui. O estado tem condições de assumir?". "Ainda não." "Mas em algum momento vai ter que assumir, porque é missão do estado, com aporte, com apoio do governo federal." Bem, começamos a construir várias situações. Algumas soluções já foram dadas. Por exemplo, alimentação. Quem fazia a comida para os imigrantes eram os quartéis da Base da Força Aérea, mais dois quartéis do Exército que tinham o seu rancho, a sua cozinha. Era uma loucura, 24 horas fazendo comida. Outra coisa: é o que tem, é o que chega dos gêneros licitados. Às vezes, não tinha feijão, porque a licitação acabou e a empresa não entregou. "Mas como é que o outro abrigo está comendo feijão?" "Porque o quartel que está fazendo é um gestor autônomo e o contrato deles, o cara fornece." Então, era uma coisa assim. A gente começou a fazer o processo de licitação para contratação de alimentação. Conseguimos terceirizar. Então, a gente conseguiu resolver alguns serviços terceirizados. Controle da entrada dos abrigos: era militar, era o soldado. A gente conseguiu contratar um serviço de controle de portaria e de vigilância civil. É lógico que o segmento militar está ali na coordenação, inclusive para fiscalizar o serviço, o que foi contratado, o que está sendo prestado, atendido.

Então, algumas coisas nós conseguimos substituir para diminuir essa participação. Existe um plano de reestruturação de transição. A reestruturação permite você substituir alguns elementos militares por civis contratados. Mas esbarra muito na parte da diária, de quem que vai para lá etc. No meio militar, ninguém ali ganha diária. Zero. A turma ali vira a noite, segue no dia seguinte. Existe a gratificação de representação — 2% ao dia — e ponto. E o imposto de renda abocanha 27,5%. Mas é a missão da turma ali. Então, existe esse plano de reestruturação. Ele é feito para poder diminuir o efetivo militar até chegar a uma transição, que é outra coisa, que realmente é passar, sair realmente o empreendimento militar, ou grande parte dele.

Outro exemplo: a força-tarefa não é unidade gestora. A gente compra no CPF da brigada ou do batalhão. Imagina um batalhão que trabalhava com X milhões no ano todo, recebe recursos vultosos para poder fazer todo o processo. É lógico que a gente reforça lá com o nosso pessoal, mas o CPF é do comandante. Hoje, está se criando que a força-tarefa seja uma unidade gestora, que ela receba o recurso, se oficialize, faça todo o processo de aquisição. Com isso, nós estamos diminuindo a participação do segmento. Quando isso aí já estava bem adiantado, veio a pandemia. Aí complicou. Também é uma das missões das Forças Armadas o combate à pandemia. É o inimigo. Um inimigo pior ainda, invisível e imprevisível. Não escolhe quem atacar. Então, as Forças Armadas continuam e existe, sim, um estudo para que diminua o segmento militar, feito de forma gradual e responsável, para não chegar abandonando.

Milhares de militares participaram da missão desde o início. Que efeito o senhor acha que tem essa experiência na carreira do militar? Faz alguma diferença? E para o Exército, em termos de imagem, é bom ou não é? Como o senhor avalia esses três anos, nesse aspecto?

Os contingentes eram trocados de três em três meses. Aí passou para quatro. Aí fica cinco, porque tem a transição. Então, são cinco meses que o militar deixa o seu lar, de qualquer parte do Brasil, e se dedica à operação, que não tem sábado, não tem domingo, não tem feriado, nem Natal. O atendimento continua, a proteção continua. Então, há necessidade desse rodízio. Inclusive ele foi aumentado para poder ter menos rodízio e gastar menos. Quando você fazia o rodízio na favela — na Maré, por exemplo, eu tive a oportunidade de estar lá com o batalhão —, você coloca a turma em um ônibus e leva, de qualquer lugar do país. Eu servia em São João del-Rei. Embarcamos em viaturas-ônibus, rapidinho estávamos no Rio de Janeiro. Quando queria dar um arejamento para a turma, embarcava uma parte em um ônibus. Vai lá em São João del-Rei, dá um abraço no filho, dá um abraço na esposa, na namorada, no namorado — se for uma militar — e volta. Em Boa Vista, não tem como. Então, é complicado. É só por meio aéreo, que também tem um gasto. Tanto que hoje até o próprio arejamento do militar é feito lá no local. Se ele quiser ir para casa, naqueles 10 dias que ele tem (não sei como é que está), tem que ser por meios próprios. Tem que ter rodízio. Isso é fundamental. As tropas no Haiti tinham um rodízio de seis meses. Há estudos de que, a partir dos seis meses, o cara começa a dar problema. Tem o tal do PINO. O cara começa a ter pena, indiferença, nojo e ódio. As fases que o cara começa a ter. Então, é complicado, há necessidade, sim, de se fazer um rodízio.

Bem, a experiência é ímpar. Primeiro, você está atuando ajudando pessoas que precisam. Muitos militares, até pela sua experiência e pela maturidade, são pais, são tios. Então, tem essa diferença. Eu via, inclusive — sem querer menosprezar, pelo contrário —, uma funcionária de uma agência da ONU, por exemplo, uma menina nova... O militar, ele queria fazer algo a mais por ali, mas tinha as restrições da ONU etc. Mas eu sentia que o fator pai, talvez pela maturidade, isso aí acontece, inclusive, dentro da ONU, quando você vê uma funcionária mais velha, mãe, em relação a outra. Não estou dizendo que quem não é mãe, quem é solteira, quem não é pai, não tem isso. Mas existe esse aspecto muito interessante. Inclusive, quando eu estava lá, houve três adoções. O militar adotou uma criança. Um era um jovem e o outro adotou um bebezinho. Ele trouxe a mulher, a mulher conheceu e saíram de lá com um bebezinho. Fora aqueles que continuam ajudando a operação. Ou seja, ajudaram na interiorização. Eu não gosto de me citar, não, mas o último ato que eu fiz na operação foi trazer uma família. A senhora trabalhava lá em casa. Eu aluguei aqui um apartamento perto de casa por três meses e a operação trouxe. Ela trabalhou lá em casa, trabalhou na casa da minha mãe. A menina conseguiu emprego. Esse pessoal já trouxe parte da família — reunificação familiar — e já trouxe outra parte. Então, tem uns 10. Continuam trabalhando com a gente, alguns. Já se mudaram, já têm outro local. Ou seja, já estão autônomos e integrados socioeconomicamente. Os meninos estão estudando. Então, isso ajudou. Muitos militares continuam, até hoje, auxiliando.

Há também a experiência de trabalhar com as agências, embora muitos ali já tenham ido para o Haiti, ou para outros países. Mas a pessoa sai outra. E tem muita gente que volta. Está voltando por questão financeira? Não, não compensa. Volta pela missão, por fazer algo a mais, fazer algo diferente. Então, a experiência é muito boa. Projeta as Forças Armadas, sim. Não há um desgaste com o que estão fazendo, pelo contrário. Vocês que vão lá podem verificar. Hoje, como ela já tem três anos, é um pouco esquecida, porque querer dar atenção para uma operação quando você tem pandemia é complicado. A comunicação estratégica às vezes tem que conseguir atuar para poder mostrar o que está sendo feito. Então, é uma experiência, na minha opinião, muito positiva. É explorada pelas forças. Se poderia ser mais ou menos, isso aí depende da avaliação. Então, eu acho válido. A pessoa cresce como militar, como cidadão, como brasileiro.

O senhor deixou a Acolhida exatamente quando?
Em 14 de maio de 2020.

Aí o senhor foi trabalhar com o general Ramos na Secretaria de Governo, não é?
O general Ramos me convidou. Eu cheguei aqui como assessor especial. Alguns meses depois, no início de setembro, assumi a Secretaria Especial de Articulação Social, que tem a missão de fazer a articulação com organismos internacionais, participação social, com a sociedade civil na formação de políticas públicas etc.

Alguma ligação com a Acolhida, nessa função?
Tem, porque a gente trabalha com a sociedade civil etc. A Segov não fazia parte do Comitê Federal de Assistência Emergencial, mas a gente tem a legalidade de participar, pelas competências do nosso decreto. Mas faltou a legitimidade de compor o comitê. Nós íamos como convidados. A Segov, agora, faz parte do comitê e acho que ela pode, sim, contribuir, principalmente na interiorização — que é a fase mais importante da Operação Acolhida. Existe uma secretaria aqui que é responsável pela articulação com os municípios e os estados, para a conscientização, para que os municípios e os estados, a sociedade civil, possam receber mais gente. Nós somos um país enorme. Se cada um recebesse uma, duas, três pessoas, a gente resolvia rapidinho o problema da Operação Acolhida.

O senhor disse que, no início da Operação, estavam buscando modelos. E que a coisa mais próxima, com a questão de refúgio, recente, no Brasil, não havia funcionado — o caso dos haitianos no Acre. Aí constituiu-se todo esse modelo da Acolhida, totalmente novo. Quais são os mecanismos que o Exército usa para avaliar, para saber se isso está funcionando?
Se me chamassem para participar de uma operação dessa, a primeira coisa que eu faria é o seguinte: não gaste um centavo com abrigamento e com ordenamento da fronteira sem antes estar pronto todo o processo de interiorização. Se você não estiver já com a boca de saída estruturada — para onde vai, quais são os meios, quem vai, quem vai receber —, você vai criar uma bolha enorme. É um erro crasso,

em operações como essa. Foi o que aconteceu. Não funcionou na mesma velocidade que o abrigamento e o ordenamento da fronteira. O que acontece? Entra uma quantidade grande, permanece, e sai um pouquinho. O que acontece com isso? Explode a bolha. Aí vem a pressão: gente na rua, você tem que fazer abrigo... Então, a gente gastou uma energia muito grande com abrigo e ordenar fronteira, não na mesma velocidade que a interiorização, principalmente pela falta de experiência. Também, de uma coisa que é nova. E o aspecto geográfico do estado de Roraima, como eu disse — todos os limites com um rio que não é navegável, uma BR só que cruza, com 46% de demarcação de terra indígena, mais unidade de conservação... Fora os problemas estruturais.

Hoje, é o contrário. Hoje, o esforço principal é na interiorização. Mais de 50 mil imigrantes foram interiorizados pela operação em três anos. Essas pessoas não são jogadas, são interiorizadas. Umas são empregadas, outras foram se encontrar com amigos ou com a família, outras estão em abrigos que conseguiram organizar em outros municípios. Então, este número já é um indicativo de que está funcionando. População na rua, em praças: zero. Tem, lógico. Não vou falar que não tem. O cara que foi expulso bêbado, o outro que chegou... Agora, o que tinha antes era uma coisa impressionante. A praça Simon Bolívar, na avenida Venezuela... Virou um símbolo: crianças, fezes, era tudo feito... daquele jeito. Hoje, ela está totalmente revitalizada. Havia também 11 ocupações espontâneas: prédios públicos ou particulares abandonados foram ocupados. Hoje: zero. Se tem ocupação, é porque o proprietário deixou. Não é uma ocupação ilegal. Ele pede ajuda. Mas ele autorizou.

O nível de chegada das pessoas. Antes, você via as pessoas, os desassistidos que estavam na rua, era degradante. Você tinha vontade de pegar no colo e levar. Hoje, quando você começa a perceber as vestes, as roupas, o vestuário, o celular... Ele é desassistido? Ele precisa de recursos? Precisa. Não é fácil. Mas você vê que as condições já são melhores. As condições sanitárias, a higidez dos que estão hoje, já são melhores. São indicativos que nós estamos vendo. O número de pessoas que estão empregadas, estudando, o aumento dos empregados em emprego formal, informal.

Outra coisa: o reconhecimento da operação. O mundo, as pessoas — tanto a imprensa como organizações; a União Europeia, chefes de Estado, embaixadores — quando veem, eles reconhecem que a operação é uma referência mundial. Quem começou a falar que ela podia concorrer ao prêmio Nobel não fomos nós. Nunca pensamos nisso. Mas se levantou. Se vai ganhar ou não, se vai concorrer ou não, não sei nem quais são os critérios. Mas são indicativos. Uma coisa interessante é a imprensa internacional. A Al Jazeera, o *Washington Post*, a BBC faziam documentários totalmente positivos, mostravam o que tinha de melhor, ficavam impressionados. Infelizmente, a nossa mídia nacional mostra o que ela quer, o que vai vender. Tivemos programas positivos? Tivemos. Aquela "Conversa com Bial" teve uma coisa positiva. "GloboNews Sem Limites", aquele programa da Record... Tivemos vários programas que mostraram coisas boas. O próprio Luciano Huck, quando foi. Mas, de uma maneira geral, procuram ver o... Está o copo pela metade e mostram o copo meio vazio, enquanto a mídia internacional, praticamente 100%, mostra o contrário. Quando teve a fronteira fechada, nós recebemos desertores. A mídia internacional destacou o modo profissional, humanitário, de como as coisas aconteceram. Então, são essas as referências que eu tenho. Se tem alguma coisa que mede, que existe, pesquisa de satisfação, eu desconheço. Mas, conversando com as pessoas, entrevistas *in loco* lá — a gente vê realmente que é muita... O próprio número de venezuelanos — um número baixíssimo — infectado, ou de óbitos, pela Covid, é uma referência, um índice de que deu certo, está dando certo o que foi planejado e montado na operação.

Qual era a relação de vocês que estavam na liderança da operação com os próprios venezuelanos? Daquela população que está ali nos abrigos, começam a surgir líderes, não é? Havia algum tipo de canal de comunicação, de representação, pelo qual vocês que estavam lá na parte de planejamento, na liderança, ficavam sabendo o que estava acontecendo na base, no "chão de fábrica" da operação mesmo? Como funcionava a obtenção de informações?

Existem três erros quando você for montar uma operação para um fluxo migratório dessa natureza. Um eu já citei: não tratar a interiorização na mesma velocidade que o ordenamento da fronteira e o abrigamento. A gente errou. Quer saber por quê? A pressão de tirar aquela turma da rua é tão grande que você gasta sua energia e seus recursos iniciais para organizar a chegada, para botar a turma para vacinar, para tirar da rua de Pacaraima ou de Boa Vista, das praças, para separar indígenas de não indígenas, e por aí vai.

O segundo erro é não tratar o abrigo temporário como temporário. Então, o que acontece? Nós, intencionalmente, não estabelecemos um tempo máximo para permanecer no abrigo. Por quê? Se leva tanto esforço, tanto tempo para tirar da rua, aí o cara vai ficar três meses e vai voltar para a rua?! Então, a gente tem que investir na interiorização. Tem mais gente chegando. Construir mais abrigos é a solução? Não, não é. Quando estabelecemos os alojamentos — 11 abrigos, capacidade de 6 mil —, nós cumprimos. Hoje estão construindo outros, mas já estão se desfazendo de outros, melhorando uma área etc.

O terceiro erro é você descuidar das aquisições, das doações. Porque é tanta coisa, que você começa a viver gerenciando mais a doação do que o próprio problema. Inclusive, começam desvios, problemas e tal. Isso, graças a Deus, nunca aconteceu na Acolhida, porque o controle do que é adquirido, do que é doado, é rigoroso. Mesmo assim, as doações demoram a chegar. Na calamidade de Brumadinho, de Mariana, eu até escutei na rádio falando assim: "Por favor, parem de mandar doações. Nós não precisamos mais. Já estamos com estoque de água. Por favor, helicópteros, não sobrevoem mais; vai acabar tendo acidente. Vai ter agora controle do espaço aéreo". Por quê? É uma região de fácil acesso — região Sudeste —, tudo chega fácil. Em Boa Vista, para chegar uma doação é complicado. Teve uma campanha no Nordeste em que fizeram doações de toneladas e toneladas. A gente conseguiu trazer num voo de oportunidade, mas ficou muita coisa para trás. O problema não é nosso. Então, é complicado.

O abrigo, se você não estabelecer um tempo, você começa a ter todos os problemas que ocorrem nos condomínios de coletividade. Roubou a comida do outro, o rádio do outro, não sei quem furou a fila, passou o idoso para trás, pulou o muro, assédio sexual, briga de faca... Teve um dia que eu cheguei, falaram: "Saiu porrada no abrigo indígena". Eu falei: "Poxa, cadê a mulher?". "Não, ela é que arrebentou com o cara." Olha, tem todos os problemas.

É importante você criar comitês. Tem comitê de distribuição de alimentação, comitê de limpeza, escala de faxina, barracas e tal. Muita conversa: o que pode, o que não pode, cuidados, fiscalização, luminosidade — não pode ter cantinho escuro, porque vai dar problema —, revista nos abrigos, cães. A Polícia do Exército fazia umas "inopinadas" para verificar se tinha meios ilícitos, drogas etc. Então, você tem que criar esses mecanismos de controle. O ideal é esse. Porque tem gente que vai morar no abrigo e se sente dona, acha que aquilo ali... A gente utiliza colaboradores, pessoas voluntárias, para ajudar. Umas lideranças. Existe uma doutrina da ONU: não deixe criar liderança nos abrigos, não deixe; troca. Porque essa liderança, daqui a pouco, vai ter sindicato, comitê. É complicado.

Então, primeiro: estabelecer o tempo de permanência, que a gente não conseguiu. Segundo: trocar as lideranças. Tem que ter troca de abrigo. Tem casos tristes. O cara namora a moça, que tem uma filha ali de 15, 16 anos. Aí estão os três na barraca: uma casinha pequena, "Big Brother". De repente, o cara começa a se interessar pela filha dela, não mais por ela. Às vezes briga, aí você tem que mudar de abrigo, não é? Existem as normas também de expulsão. Tem expulsão sumária, como drogas etc. Então, é complicado. Vigilância constante, tem que estar ligado. Quem coordena o abrigo são as agências. O militar está ali para fiscalizar a entrega da comida, dar segurança. No início, tinha abrigo que era 100% da gente, porque a ONU não tinha gente para gerir. Nós já passamos por isso daí. Hoje, a participação militar é mínima. Às vezes pedem, até para respeitar. Por isso, a contratação de pessoas qualificadas. Não pode chegar no abrigo, naquele calor infernal de Boa Vista, e o cara passar o dia todo no contêiner-escritório com ar--condicionado. Alguém tem que ir lá fiscalizar por que está sujo, por que está assim, por que tem cachorro que deixou entrar...

No caso dos abrigos indígenas é diferente, existem as lideranças. Juntam as famílias e criam ali o cacique, o *tuxawa*. No caso da etnia warao, eles são chamados de *aidamo*, que é liderança. Aí conversa. Agora, infelizmente, o *aidamo* às vezes não é escolhido como líder pela comunidade indígena pela sua competência. Às vezes você pega *aidamo* e tem que expulsá-lo, porque o cara assediou uma criança. O cara vive bêbado. Mas tem que escutar, tem que ouvir. Tem os *voceros*, tem que fazer rodas de conversa, atividade para criança, atividade para adultos, prevenção de doenças transmissíveis, educação sexual constante, distribuição de preservativo... Isso tem que ser constante. Você tem que criar um ambiente bom no abrigo. E tem que ser rígido também na hora de expulsar. Porque se você começa a abrir precedente, vai ter problema. Por isso, as pessoas que estão lá têm que ser muito bem capacitadas, iniciadas, fazer aquele programa de prevenção de assédio sexual. Já tivemos gente, militar e civil, afastado, "repatriado", é um modo de falar. Que estava começando a se envolver... "Ah, é amor." "Rapaz, não existe amor, acabou! É proibido!" Então, é um cuidado, vigilância. Por isso que é importante o rodízio das pessoas. A gente perde um pouco, tem que ensinar tudo de novo, mas as pessoas com a cabeça mais leve, mais...

Esse modelo dos comitês e de rodas de conversa que vocês organizam é um modelo inventado dentro do Exército, é um modelo das organizações que estavam lá e que vocês começaram a usar? Como é que isso surgiu?
Não, isso daí não é coisa do Exército. São modelos das ONGs, às vezes da ONU. O Médicos sem Fronteiras reúne, conversa, aí tem antropólogo... No Exército, por natureza, sempre se fez isso: chamar, conversar, colocar em forma, fazer formatura. Só que a gente não faz isso em um abrigo. Um abrigo não é um quartel. Mas ali, no momento de dar uma refeição, de você dar um aviso, "Atenção, devemos respeitar, primeiro vão almoçar idosos, depois crianças, mulheres grávidas e, por último...", você controla. Mas, normalmente, nas rodas de conversa, sempre chamam alguns militares para participar. Além da presença dele, também porque vai ajudar a fiscalizar. Então, não é modelo nosso; pelo contrário, é coisa que já existe. Mas é natural. O Exército tem equipe para tudo: equipe da patrulha, equipe da limpeza, equipe da segurança... Tem que ter, e tem que fiscalizar. Não adianta fazer limpeza de banheiro e não ir lá junto, senão não vai limpar, vai depredar... É complicado. Então, não é modelo exclusivo, não. É uma prática que vai se aperfeiçoando, se moldando de acordo com o público que você está atendendo — respeitando sua cultura, respeitando suas dificuldades, suas vulnerabilidades.

Vamos supor que o senhor tivesse que fazer um curso, um treinamento para preparar militares que vão ter funções parecidas com as que o senhor teve lá. O que o senhor pensa que são habilidades cruciais que têm que ser parte do treinamento?
Os contingentes, antes de irem, têm uma preparação. Os primeiros não tinham. Primeiro, existe uma apresentação da operação. Aquela coisa que você consegue ensinar antes — a parte legal, o aspecto jurídico... Você leva ali antes um representante da OIM, do Acnur ou das principais agências da ONU, para falar: o que eu faço, quem sou eu? Porque quando ele chega, ele já tem que trabalhar. A passagem de função, a transição ali entre um e outro é em um ou dois dias — quando tem,

porque é complicado. Alguns nem dá. Às vezes você tem que pegar o cozinheiro, no mesmo avião que um chegou o outro tem que ir embora. Agora, tem função que não, que você tem que segurar o cara ali porque ele nunca viu isso, ele nem sabe o que é PTrig. Então, na preparação, a gente procura colocar oficinas, situações que ele vai vivenciar.

Existe uma parte teórica e uma parte prática, buscando mais ou menos cada um na sua área. "E o cozinheiro, precisa?" Precisa, porque o cozinheiro, quando é liberado, vai na rua, vai encontrar uma venezuelana que está se prostituindo e ele sabe que não pode ir, ou um grupo de venezuelanos que não são desassistidos, mas convidam para uma festa, e ele não pode ir. Então, ele também tem que conhecer as regras da base, dos cuidados, da atenção. Então, todo mundo tem que ter sua capacidade. Tem aquela preparação, tem aquelas instruções comuns — que todo mundo tem que escutar — e aquelas específicas. Eu não vou pegar um cozinheiro ou um motorista e ensinar para ele como opera o Sistema Acolhedor, que é o sistema que a gente utiliza para a Operação Acolhida. Mas aqueles militares, aquelas militares que vão trabalhar com o Sistema Acolhedor, têm essa capacitação. A gente pode prepará-los antes. Tem a parte de inteligência, de contrainteligência, os cuidados. O cara se empolga, acha que está em outro lugar, começa a tirar foto da menininha indígena que está tomando banho ali no meio do pátio — porque é cultura — e posta. Por aí vai. A gente tem que educar a turma em tudo isso. Tem muitos procedimentos que nas nossas operações, nos nossos exercícios, já são comuns, só tem que adaptar ao local. Quem já esteve no Haiti ou em missões de paz, facilita também a experiência — o que pode, o que não pode. Na preparação prévia se busca isso. Quando ele chega, ele tem dois, três dias de nivelamento. Não tem para onde fugir, porque ele já está fora da casa dele, não tem como faltar. Então, ele tem ali uma maratona de atividades de instrução. O cara lá do Unicef vai falar, o cara da ONU vai falar.

Tem também a parte prática: ele percorre os abrigos, vai à noite para a rodoviária, vê como é o trabalho, como é aquele impacto. A turma que vai para Pacaraima ou para Manaus passa por tudo isso para depois embarcar para a fronteira ou para Manaus. A operação tem uma turma em Pacaraima, uma em Boa Vista e tem um braço em Manaus. Então, existe a preocupação de que esse estágio preparatório seja o mais completo possível. Mas, mesmo assim, quando ele chega lá, ele tem que passar pelas oficinas para aprender aquilo ali. E a passagem de função: tentar que aquele cara fique o mais tempo possível com o outro para passar a experiência. E os valores, que a gente não negocia, valores que a gente está empregando o tempo todo — responsabilidade, coragem e moral. A resistência, os esforços físicos: às vezes o trabalho é intenso. Ele sabe que não vai ter o sábado ou o domingo, como ele tinha antes. A gente procura, lógico, dar as folgas, senão o cara fica louco, mas tem primeiro o compromisso. Então, é essa que é a preparação que nós temos. Também temos uma sessão de doutrina militar. Vemos essa doutrina numa "companhia de ação civil" — como que ela lida, como que é que se dá essa organização? Para aperfeiçoar a nossa doutrina, principalmente nas operações Cimic — civis-militares.

Coronel, estamos chegando ao final da entrevista, há algo mais que o senhor gostaria de acrescentar?

Eu queria só falar uma coisa. O legado. Quem está ganhando com isso? Quem pode ganhar? Fiz um documento para mim mesmo, o título é: "Fluxo migratório: um copo meio cheio, meio vazio". Coloquei algumas coisas. Por exemplo, muito se fala do fluxo. Na parte econômica, um dos maiores PIBs que cresceram foi o de Roraima. A economia, o dinheiro que é inserido ali, a circulação, os recursos que são centralizados para o governo federal, para as agências da ONU, União Europeia, países colocam dinheiro e eles investem lá. É uma coisa impressionante. Então, Pacaraima viveu a era do ouro. As pessoas pegaram as suas casas em Pacaraima, transformaram metade em loja e estão morando na outra. Vendendo de tudo. Então, a parte de economia foi uma coisa impressionante. A preparação, montagem e execução, e hoje a manutenção da operação, é contratação de mão de obra local. Aquelas instalações todas, o cara contrata ali. O brasileiro ou o próprio venezuelano. Então, houve uma contratação enorme. Internet: ninguém traz internet. É um serviço contratado. Locação de automóveis, ônibus coletivos, táxis... As agências andam de táxi, porque já é pago. Uber. Coleta de esgoto: não é um caminhão que vai sair do Rio de Janeiro. A empresa que ganhou a licitação contrata lá. As duas empresas, na época em que eu saí, que ganharam a alimentação — são 19 mil refeições por dia distribuídas na operação, na média —, ganharam uma de São Paulo e uma do Ceará. Elas procuram comprar a matéria-prima no local. Às vezes não acham, para poder cumprir o contrato, o que está no cardápio, e têm que buscar em Manaus. No início da operação, esgotamos todos os colchões de Boa Vista e de Manaus, para vocês terem uma ideia. Então, esse movimento é uma coisa impressionante. A presença de pessoas com poder aquisitivo. O contingente que vai lá, os militares, as agências da ONU, compram. Vai para o restaurante. Tem que comprar um sabonete. Rede hoteleira: sempre tem gente indo. Tem gente morando no hotel. Pedindo hotel. Agentes da ONU alugando casas, imóveis. O próprio venezuelano de passagem, saindo de lá com poder aquisitivo, conseguindo alugar. Às vezes em piores condições, mas está alugando. Aluguel de carros para passeio. Abastecimento. O empresariado local se mantendo ativo, não é? Tendo que se adaptar, com responsabilidades.

Então, na parte econômica, eu não discuto. Na parte social, o próprio fato de a operação retirar as pessoas da rua. As praças, que às vezes estavam malcuidadas, hoje foram revitalizadas. Obras ao redor do abrigo, de acessibilidade, de esgoto, de infraestrutura. A parte da urbanização. A integração com o Sistema S, na capacitação das pessoas. Uma coisa que pode ser, talvez de forma acanhada; mas você pegando 600 militares, mais as agências, você está mostrando o turismo, você está divulgando o que tem em Roraima, que tem a parte boa. Essas pessoas estão divulgando, retornam. Então, de forma acanhada, possibilita isso também.

Na política externa, eu não tenho dúvida, a projeção do Brasil, capaz de atender o fluxo, como centro de referência. As agências da

ONU que chegam lá, não vêm só para a operação. Elas têm audiência, são colocadas na frente do prefeito, da prefeita e do governador. Então, tem muita coisa... O investimento que o Japão faz no hospital que tem lá. O primeiro-ministro de Luxemburgo vai para Pacaraima. Então, os países indo ali. O mundo olhando. A União Europeia quando vai lá... Então, é uma oportunidade que tem.

Na parte cultural, a presença de organismos internacionais. Alunos de ciências e de relações internacionais, muitos sendo contratados. Outros, fazendo pesquisa de campo no local. Então, o conhecimento, podendo discutir a parte de legislação, regularização, de acolhimento e por aí vai. Os trabalhos acadêmicos que estão sendo feitos, os simpósios etc. O idioma. Não que o brasileiro agora é obrigado a falar o espanhol. Mas é natural. A senhora que está trabalhando de empregada, está ensinando espanhol para o filho da patroa. É uma troca. Ele está aprendendo. Acaba se tornando ali bilíngue naturalmente. Então, eu passei alguns campos, poderia citar mais coisas.

Essa é a minha visão do copo meio cheio. Acho que esse governo de Roraima tem que aproveitar. Quando enxerga o imigrante como uma solução e não como um problema, aí fica mais fácil. Então, eu queria encerrar com essa observação e me colocar à disposição. Eu me sinto um pouco desatualizado por estar há um ano sem botar o pé lá. Mas eu estou sempre acompanhando. Estou agora sendo movimentado para a Casa Civil e talvez o ministro Ramos me coloque ali para ajudar mais a Operação Acolhida. Está bom? Muito obrigado.

Coronel Carlos Frederico Gomes Cinelli

O coronel Carlos Frederico Gomes Cinelli foi chefe do Estado-Maior do 7º Contingente da Força-Tarefa Logística Humanitária para o Estado de Roraima entre novembro de 2019 e março de 2020. Em 1991, concluiu o curso da Aman e, em 2008, o da Eceme. Entre 2005 e 2006, especializou-se em direito internacional dos conflitos armados pela UnB. Em 2017, concluiu doutorado em ciências militares pela Eceme e em política e estratégia marítimas pela EGN. Entre 2011 e 2013, foi instrutor na Academia Militar de West Point, nos Estados Unidos. Em 2018, assumiu os cargos de chefe da Comunicação Social do Comando Militar do Leste e de porta-voz do Gabinete de Intervenção Federal (GIF) durante a vigência do decreto de intervenção federal na segurança pública do Rio de Janeiro. Entre 2020 e 2021, foi subchefe do Centro de Comunicação Social do Exército, em Brasília.

Entrevista realizada em 22 de abril de 2021.
Versão revista pelo entrevistado.

Você estava como chefe de Comunicação Social no Comando Militar do Leste, quando foi designado para a Operação Acolhida?
Em 2019, o Exército estava no 7º Contingente da Acolhida. Caberia ao Comando Militar do Leste, pela primeira vez, montar o contingente. Nós temos oito comandos militares de área, sendo que alguns têm um efetivo muito pequeno. Por exemplo, o Comando Militar do Norte, cuja sede é em Belém — recém-criado, inclusive —, ainda tem um efetivo mais reduzido. O Nordeste também. Você tem os grandes comandos com efetivos robustos, por tradição histórica: o CMS, o CML — quer dizer, Sul, Leste (que é Rio de Janeiro, Espírito Santo e Minas) —, o próprio Comando Militar do Sudeste. Então, o que o Exército tem feito? Um rodízio. A cada rodízio — começou com três meses; agora, se eu não estou enganado, está em quatro meses — um comando de área assume. É encarregado de montar esse contingente. Se o comando de área tem um efetivo robusto, ele dá conta sozinho. Era o caso do CML. O CML foi sozinho. Mas se ele é menor, ele em geral junta com outro. Então, o Comando Militar do Norte mais o do Nordeste fazem um contingente.

Nesse momento, 100% dos oficiais lidando com a Acolhida eram, então, oriundos do CML?
Idealmente seria. Ocorre que nós temos duas questões. Primeiro, existem cargos muito específicos. É como Força de Paz. Eu preciso de um sargento criptógrafo de comunicações e tal... Aí, às vezes, aquele cargo ou não existe naquele comando de área, naquele momento, ou o militar não tem perfil adequado. Por exemplo, numa operação dessas, humanitária, na hora da seleção, eu fui criterioso na questão de temperamento, de postura, do ponto de vista de combatividade. O que eu estou querendo dizer? Nós somos uma força armada, nós somos feitos para matar pessoas e destruir coisas. Essa é a realidade das forças militares. A utilidade da força militar é precipuamente essa, como afirma o general Rupert Smith na obra *A utilidade da força*. Mas a gente também faz outras coisas. Então, você ter militares com alto nível de agressividade, combatividade, é ótimo. É da natureza da

força. Só que essa operação é absolutamente o oposto. Para você ter uma ideia, nem armamento a gente usava. Era só o uniforme camuflado, um gorrinho ali. A única força, dentro do contingente, que estava armada — e mesmo assim, basicamente com armamento não letal — era um pelotão de Polícia do Exército para intervir quando necessário, dentro de um abrigo, se houvesse uma briga entre venezuelanos (que às vezes tem, não é?). Mas, o perfil desses militares que vão formar o contingente tem que ser o de um camarada estável emocionalmente, paciente, tolerante.

Esse efetivo, sendo do Comando Militar do Leste, grande parte devia estar habituado com ações de segurança pública, de GLO. Era uma tropa que não estava em uma região, vamos dizer, "pacata".

Não. É excelente essa observação. Foi a minha maior preocupação. Nós estávamos saindo de 10 meses de intervenção federal e, como a garotada diz, nós estávamos "pilhados". Eu andava de colete, de capacete, armado 24 horas por dia, acompanhando as operações nas comunidades, acompanhando as tropas para poder falar com a imprensa. Você via os garotos ali tensos o tempo todo. De repente, veio a missão de montar um contingente absolutamente humanitário. Como eu conhecia já o pessoal, tive a felicidade de poder intervir e dizer: "Não, esse aqui vai; esse aqui não vai". Então, no CML o problema não foi o efetivo, foi o perfil que nós precisávamos ter. Eu, já tendo a informação de que nas cento e poucas organizações que trabalham conosco lá — entre agências da ONU e outras — a maior parte dos agentes de campo eram mulheres, eu procurei incrementar... Até porque eu sou um entusiasta da presença feminina no Exército, acho que isso já está, graças a Deus, superado, e nós temos que permitir que sejam preenchidos todos esses espaços. Quando havia dois militares em igualdade absoluta de condições, um era mulher e o outro era homem, eu optava pela mulher, porque eu sabia que ia ter uma questão de sensibilidade mais envolvida, de bom senso, de equilíbrio para lidar com aquele desafio. Basicamente, não era um desafio que necessitasse de atributos de maior combatividade. Muito poucos eu tive que buscar em outros comandos. Acho que uns 10 ou 15 eu tive que buscar no Comando Militar do Sudeste, porque realmente não tinha militar, ou não tinha o perfil. Nisso, companheiros ficaram chateados porque não puderam ir, mas a responsabilidade era minha. Para não dizer que nós não tivemos problema, tivemos, e não por acaso foi com a tropa de Polícia do Exército, que, durante a intervenção federal, esteve engajada decisivamente em operações de garantia da lei e da ordem. Aí os garotos acabaram, dois ou três ali, com o reflexo já de intervir em determinadas intercorrências, eles acabaram se excedendo. Eu tive que — a gente brinca — "repatriar" de volta. Mas foi fora da curva, insignificante junto ao perfil do contingente.

Por que você foi designado? É uma função que a pessoa pode querer? Ou alguém te chama de surpresa e você vai?
É o comandante militar de área que escolhe. Ele vai escolher por alguns critérios. Antiguidade é um deles, porque, se vai um oficial muito moderno ser o chefe de Estado-Maior do contingente, acontece um efeito hierárquico em cascata: todos os outros têm que ser mais modernos que ele. Então, acaba tendo que "puxar" oficiais muito modernos. Então, quando ele pega um oficial bem antigo, como era o meu caso no nível do comando de área — éramos três da mesma turma —, a flexibilidade para outros oficiais irem — também antigos — aumenta. Então, você tem um escopo maior de seleção. Por que ele me selecionou? Eu não sei. Acredito que tenha sido pela confiança, pelos atributos ali que ele identificou.

Sua experiência com direito internacional humanitário pesou explicitamente ou não?
Não... O comandante de área já era o general Arruda, que hoje é chefe do Departamento de Engenharia e Construção. Quando eu estava em West Point, ele era o comandante da Aman e foi me visitar lá na academia durante o intercâmbio que nós fazemos. Cadetes da Aman passam cerca de dois meses em West Point para imersão cultural e

linguística e para interagir diretamente com os militares americanos. Numa dessas visitas, ele foi lá. Portanto, ele já me conhecia e também acompanhara essa minha imersão na temática do direito internacional humanitário. Isso, talvez, tenha contribuído, mas eu acredito que não foi o essencial. É claro que eu, obviamente, nesse sentido, também agradeci muito, porque eu nunca tinha interagido diretamente com o Acnur, com a OIM, com esses organismos que eu estudo há muito tempo. Quando eu estive na ONU, eu era primeiro-tenente, era pelotão, era patrulha, não tinha acesso ao *staff* desses organismos. Conhecer o trabalho deles foi muito rico para mim. A Acolhida foi uma experiência muito gratificante.

Como era o relacionamento com as mais de 100 agências, várias internacionais, outras do governo brasileiro, lá presentes?

Quando eu saí de lá — estamos falando de mais de um ano —, muita coisa mudou na dinâmica da operação por conta da Covid. Eu tenho acompanhado. Mas, na tradição militar, quando o comandante passa o comando, ele não volta na unidade, pelo menos no próximo comando, para não ficar "contaminando" [risos] o comandante seguinte. Então, de certa forma, eu parei de intervir e de querer perguntar muito. Mas eu acompanho. Mudou bastante a dinâmica, mas esses organismos ainda continuam lá, obviamente. Como era a relação? Quando saí de lá, estávamos com 117 organismos, instituições, desde agências da ONU, organismos internacionais, organizações não governamentais, o próprio Comitê da Cruz Vermelha Internacional (que é uma organização anômala: de direito privado, com estatuto público do governo suíço). As agências da ONU trabalham na operação por intermédio de "parceiros implementadores", como eles denominam. A ONU — o Acnur — chegou lá. No acordo que fez com o Ministério da Cidadania e Casa Civil, foi definido que o Acnur iria cuidar, por exemplo, do abrigamento. São três pilares básicos: abrigamento, interiorização e ordenamento da fronteira. O abrigamento ficaria com o Acnur. E aí o que o Acnur faz? Ele contrata localmente — porque o *staff* dele também é limitado —

parceiros implementadores locais, que podem até ser internacionais, mas que têm também escritórios no Brasil, para tocar aquela vertente temática — que, no caso, é o abrigamento. O mesmo acontece com a interiorização. A OIM também ficou responsável pela interiorização, e também faz isso. Em relação ao ordenamento da fronteira, a divisão foi: Acnur cuida de *status* de refúgio e OIM cuida de *status* de residência temporária; todos os outros agentes do Estado brasileiro — do Poder Judiciário, do Ministério Público e outras agências — também estão presentes ali para poder fazer essa regulação, esse ordenamento da fronteira. A nossa relação com todos eles era muito profícua. Basicamente, com cada um deles, era um tema diferente. Um projeto, por exemplo, que estivesse lidando com Wash — sigla em inglês para água, abastecimento e sanitização —, nós sabíamos que havia parceiros implementadores do Acnur lidando com Wash. Comunicação social, por exemplo, as grandes narrativas da operação: nós fechamos que seria a Força-Tarefa Logística Humanitária — que é o componente militar, ou seja, o contingente —, o Acnur e a OIM. Então, a cada um dos temas das grandes agendas, nós tínhamos o ator central — em geral, uma agência da ONU ou uma instituição de peso — e os seus parceiros implementadores, que orbitam em torno daquela agência, para poder tocar esses processos.

Na profissão militar, durante a carreira, o militar está habituado à cadeia de comando, a comandar mais do que a coordenar, vamos dizer assim. Mas ali, na Acolhida, os militares não estavam comandando essas organizações. Tinham que se coordenar com elas, não é? Por um lado, evidentemente, o Exército ali era quem tinha, vamos dizer, "musculatura logística" para fazer as coisas acontecerem. Como era lidar com isso? Tem que coordenar, mas tem que acontecer.

É, acontece uma verdadeira "dissonância cognitiva" ali, não é? [risos]. Porque a gente tem toda a formatação de cadeia de comando, de cumprimento de ordem e, na verdade, hierarquicamente, eu só tinha autoridade sobre quem estivesse vestindo uniforme camuflado. Com todos os outros parceiros, era sempre no espectro de coordenação. No Estado-Maior Conjunto, é uma operação de coordenação interagências, na essência da expressão. Agora, eu peguei o 7º Contingente, seis já haviam me antecedido. Eu não senti qualquer dificuldade nessa interação, acho que por dois fatores. Primeiro, pela respeitabilidade que já tinha sido adquirida desde o 1º Contingente, no sentido do que foi feito, das entregas que foram realizadas. Quer dizer, colocar aquela operação de pé, com aquela magnitude, sistematizar todos os processos, fazer a coisa rodar, do ponto de vista licitatório, administrativo... Isso, de certa forma, deu uma respeitabilidade muito grande. Segundo ponto, pela maneira como nós também exercíamos a nossa, digamos, autoridade de coordenação. Sem imposição, sem autoridade excessiva. Sempre na base do "vamos fazer", "estamos juntos" — sinergia de esforços, não é? Eu chego a dizer que, em alguns momentos, alguns agentes de campo ali com responsabilidades, os mais graduados das agências, eram até mais "caxias" do que nós com seus próprios funcionários. Como eles viram que a natureza da atividade militar ali, se adequando àquilo ali, estava dando uma cadência que estava permitindo funcionar, eles queriam também adotar certos procedimentos dentro das agências deles e se frustravam porque o civil não consegue, não é? — cumprimento de horário, chegar na hora, não se atrasar, dar retorno de missão, fazer relatório... É uma coisa um pouco mais informal. Então, eu não tive nenhum problema com isso. É claro que às vezes existem interesses que colidem. Por exemplo, a questão das "ocupações espontâneas", dos edifícios públicos ou privados, mas basicamente públicos, que haviam sido invadidos por venezuelanos e outros migrantes. Nós tínhamos a intenção de devolver aquilo ao poder público, por uma questão de segurança. Porque, embora a segurança pública não fosse uma das atribuições da Acolhida, nós éramos, de certa forma, cobrados pela população para dar uma contribuição à estabilidade da área de Boa Vista. Isso era um problema, porque dali, de dentro desses abrigos, saíam pessoas para cometer pequenos crimes e voltavam para lá... Eram "buracos negros" jurídicos, dentro da cidade. Então, nós tínhamos interesse em deslocar essas pessoas para outros locais. Só que não havia mais capacidade nos abrigos. Então, tínhamos que ir fazendo uma engrenagem. Aumentar a interiorização para, com a interiorização, criar espaço nos abrigos, para, com os espaços nos abrigos, transferir pessoas vulneráveis para dentro dos abrigos. E as organizações humanitárias, principalmente as religiosas, ficavam muito condoídas, porque elas achavam que tinha que ser um pouco mais lento, que a gente estava tendo muita pressa... Mas o fato é que era necessário que fosse feito. Nós precisávamos convencê-los de que nada ia ser feito fora dos parâmetros da dignidade da pessoa humana. Tanto que não aconteceu. Houve um acordo junto ao Judiciário — Defensoria Pública da União e Defensoria Pública Estadual também — para assegurar que aqueles que saíssem daqueles locais iriam para os abrigos, não iria ficar ninguém pela rua. Mas a gente, obviamente, era cobrado o tempo todo e lembrado de que nós tínhamos que pensar que as pessoas não tinham para onde ir etc. E esse equilíbrio, a gente precisava, enfim, como se diz na Marinha, "dar a voga", ou, como dizemos no Exército, "dar a cadência", mas ao mesmo tempo negociar. Havia, às vezes, uma barreira de idioma. Os agentes de campo do Médicos sem Fronteiras, por exemplo, eram dois — um era francês e o outro era belga. Então, eles falavam, basicamente, francês ou inglês, e, nas reuniões, não conseguiam se comunicar plenamente em português. Ao término dos *briefings*, eu me reunia com eles e, em inglês, verificava se eles haviam tido plena compreensão da missão que iríamos executar, do local e das condições em que a tarefa se daria... Enfim, é um exercício realmente de... paciência. Mudam os parâmetros em que nós treinamos no dia a dia da atividade militar, aos quais nós estamos habituados, do ponto de vista do espírito militar. Mesmo estando acostumado a operações de paz, ao ambiente ONU, pois eu integrei uma missão em Angola em 1996, entre os capacetes azuis todos são soldados e possuem linguagem, procedimentos e cultura organizacional semelhantes. Na Acolhida, todos dos diversos organismos operativos e agentes de campo são civis. Eu costumava fazer o seguinte: eu tinha dois tipos de reuniões. A minha reunião com as agências humanitárias era no nível de coordenação. Quando acabava essa, começava a nossa reunião do meu Estado-Maior, que costumamos chamar no Exército brasileiro de reunião do pôr do sol. Começava sempre às 17 horas e aí era sempre só com o pessoal camuflado. Aí era na base de ordem dada, cobrança e tal. O pau cantava [risos]. Outra dinâmica. A chave era fazer essas duas dinâmicas se harmonizarem e, então, lá na frente, a gente via os resultados acontecerem.

No final da sua missão veio a pandemia de Covid.
O primeiro caso de Covid na operação foi no dia 14 de março, um sábado. Eu me lembro com muita clareza, porque nós já tínhamos ouvido falar, estávamos escrevendo um protocolo já, mas "vai demorar para chegar aqui, estamos muito remotos; São Paulo já tem, mas vai demorar...". Daí a pouco o Acnur diz: "Olha, tem uma pessoa ardendo em febre lá dentro do abrigo. Ela veio em um ônibus de interiorização, com mais 50. Então, o protocolo é de isolamento". Enfim, aquela "ignorância" — no bom sentido — que nós tínhamos na época. Não sei se ignorância, mas falta de atenção direcionada para aquilo. Então, de 14 para 15, a operação mudou completamente seu rumo. O hospital de Pacaraima, de campanha, desceu para Boa Vista em 48 horas. Aí todo o esforço passou a ser vocacionado para isso. E o interessante é que nessas horas é que a gente vê como as grandes crises — a Covid foi uma crise dentro da crise humanitária — têm o efeito de aglutinar, de reunir as pessoas em torno de algo maior do que eventuais discórdias. Quer dizer, a partir dali as ocupações espontâneas foram sendo diminuídas, porque foi impossível mantê-las nos moldes de até então; o governo do estado começou a apoiar ainda mais intensamente a operação também com apoio em leitos, com oxigênio e uma série de coisas. Ou seja, houve uma sinergia maior, uma união de esforços.

Você ficou até quando?
O contingente começou a trocar a partir do dia 29 de março, eu voltei dia 5 de abril.

Quer dizer, você pegou umas semanas só, da Covid.
Quinze dias. Mas foi o suficiente para todo mundo que estava comigo ser contaminado. Eu não sei como eu não fui...

Qual o efeito da Covid sobre a Acolhida? Mudou, transformou a operação?
Transformou. No dia 18 de março, a fronteira foi fechada. Até então, nossa grande angústia era aquela: entravam 500 por dia, 10% precisavam de abrigo, mas os abrigos estavam na capacidade máxima, não tinha mais como colocar um abrigado, um venezuelano para dentro. Você tinha, então, que correr com a interiorização. Meta: 3 mil por mês. A gente tinha conseguido bater a meta em janeiro, fevereiro e março. Março deu 3 mil cento e alguma coisa... A gente estava vibrando. Aí veio a Covid. Em certo sentido, quando a fronteira fechou, foi um alívio para a operação. É claro que não foi a melhor condição para os venezuelanos, que tiveram que dar meia-volta e não puderam mais adentrar. Mas não foi uma decisão da operação; foi uma decisão governamental. O Sérgio Moro era o ministro da Justiça. O ministro Braga Netto já era Casa Civil. Houve uma reunião e rapidamente se decidiu fechar tudo. Quando eu comuniquei essa reunião ao Acnur, me recordo que a representante deu um pulo. Falou assim: "Mas não pode, internacionalmente isso é proibido" e tal. Aí eu disse: "Bom, aí temos que conversar com o Ministério da Justiça para ver qual o parecer". O Ministério da Justiça disse: "Fecha para todo mundo até segunda ordem". Permanece até hoje fechado, não é? Quando eu digo que foi um "alívio" para a operação — para não ser mal interpretado —, não é que nós quiséssemos que acontecesse; é porque aquela nossa angústia de não poder abrigar, cessou. Ficou-se com um efetivo de 6.800 abrigados, podendo ser interiorizados continuamente. Só que também não foi um paraíso, porque as operadoras de aviação cancelaram os voos. Então, nós ficamos somente com o voo fretado. São três modalidades: a gente aluga avião por licitação; as companhias aéreas cedem assento; e a gente também pode fazer pela FAB. A FAB ficou com muita tarefa de distribuir ajuda humanitária pelo Brasil,

cancelou os voos. As companhias aéreas, no prejuízo, não deram mais assento para a operação. E nós ficamos somente com o voo fretado, que não era suficiente. Então, a meta caiu barbaramente. Os estados passaram a não querer receber venezuelanos. Fizemos um modelo de uma carta para os receptores dos estados, sensibilizando-os de que a gente estava adotando todos os protocolos de segurança para eles poderem receber interiorizados. Então, ficou a operação querendo interiorizar sem poder. Eu sei que com o tempo isso foi acontecendo. Semana passada, a operação comemorou 50 mil interiorizados. Esse é um dado que eu estou passando agora em primeira mão. Então, a gente pode dizer que foi uma operação antes e outra depois. Quando a Covid aconteceu, todas as reuniões de coordenação eram para montar a área de proteção e cuidados, que é, basicamente, o nome que a gente deu para o hospital de campanha.

Havia algum contato, mesmo que informal, com autoridades venezuelanas? O governo venezuelano tinha uma relação evidentemente complicada com os refugiados, não é? A Guarda Bolivariana quis fechar a fronteira, uma situação tensa.

O Natal de 2019 foi muito agitado, houve um atentado a bomba contra uma organização militar venezuelana a 100 quilômetros da fronteira. Supostamente, foram cinco militares — entre reserva e ativa — que fizeram esse atentado, depois se infiltraram pela fronteira e entraram no Brasil para pedir refúgio. Foi feita uma denúncia pelas autoridades do presidente Maduro de que o Brasil estaria acolhendo, na acepção daquelas autoridades venezuelanas, supostos terroristas que tinham detonado as bombas lá. Na verdade, uma patrulha da Operação Controle — que é a operação de segurança de fronteira a cargo da Brigada de Selva lá de Boa Vista — encontrou essas pessoas, trouxe para a sede e elas foram acolhidas pelo Brasil, foi dado acolhimento jurídico e o *status* apropriado para eles. Mas aquilo serviu para acirrar muito os ânimos. Foi basicamente um único episódio. No nível diplomático, a relação sempre é com a embaixadora Belandria, que é reconhecida pelo

Brasil como embaixadora designada pelo presidente autoproclamado Guaidó.[11] Então, a embaixadora Belandria ia aos eventos, foi para a passagem de comando do general Pazuello para o general Barros, representando o governo venezuelano. Uma relação extremamente respeitosa, profissional e mutuamente colaborativa.

No nível militar, tínhamos uma relação de cordialidade com o Esquadrão de Cavalaria que fica ali na fronteira. Então, o Brasil tem o 3º PEF — o Pelotão Especial de Fronteira —, e o congênere do 3º PEF é um Esquadrão de Cavalaria do Exército Venezuelano que fica ali na fronteira. Nos incidentes na fronteira, em 2018, quando houve manifestações civis contra o governo venezuelano que descambaram para violência e atos repressivos pelas forças de segurança venezuelanas, esse esquadrão foi o que estava ali tentando conter os ânimos, juntamente com o nosso pessoal do 3º PEF. A relação entre as duas unidades, como eu disse, sempre foi saudável, respeitosa e cordial, coisa de soldados profissionais. No nível militar, as inteligências militares atuam em proveito das missões e da salvaguarda da segurança nacional. No nível apropriado existem ali trocas de informações para proteger os respectivos interesses nacionais e também questões de interesse comum. Era um relacionamento muito cordial e amistoso.

A crise de refugiados da Venezuela afetou o Brasil, mas afetou muito a Colômbia. Você tinha contato com oficiais colombianos ou tem alguma informação de como era, vamos dizer, o caso na Colômbia?
Não, o que a gente sabia era por intermédio dos chefes de escritório das agências da ONU que coordenavam a área da Amazônia como um todo, inclusive, muitas vezes, Colômbia. Eles nos diziam como estava a situação lá, que é completamente diferente da do Brasil. Na Colômbia,

---

[11] Em 23 de janeiro de 2019, Juan Guaidó, presidente da Assembleia Nacional da Venezuela e líder da oposição, se autoproclamou presidente do país, sendo reconhecido pelo governo brasileiro. Fonte: <https://g1.globo.com/mundo/noticia/2019/01/23/juan-guaido-presta-juramento-como-presidente-interino-da-venezuela.ghtml>. Acesso em: 25 out. 2021.

por conta dos vínculos históricos com a Venezuela, de intercâmbios de acadêmicos, programas universitários, da própria questão do idioma comum e pela densidade populacional na faixa de fronteira — quer dizer, cidades mais populosas em condições de absorver essas pessoas —, o fluxo colombiano era quase 10 vezes maior do que o brasileiro, com sete pontos diferentes de entrada na fronteira.

Você poderia falar um pouco sobre a preparação da tropa, antes de embarcar?

Para esse tipo de missão, ainda mais com pouquíssimo tempo antes do embarque e essa miríade de perfis e unidades de origem diferentes, eu não acredito em preparação boa que seja feita de modo rarefeito, fragmentado — no sentido de você reunir todo mundo em uma unidade militar durante algumas horas do dia e ministrar instruções teóricas, palestras e tal, depois todo mundo voltar para casa e no dia seguinte ir de novo, como se fosse um dia a dia normal do quartel. O que eu pedi e foi aceito: solicitamos o apoio de dois batalhões da Vila Militar, que tinham alojamentos bem grandes. O meu efetivo era de quinhentos e poucos militares. Dividi nessas duas unidades. Concentramos, então, duas semanas na Vila Militar com uma rotina de manhã, tarde e noite de atividades. Começava de manhã com treinamento físico, centralizado. Aí eu já ia vendo quem tinha problema de saúde, quem não estava em condição física. Porque em Roraima bate 45, 46 graus mole. O cara, dentro de um abrigo o dia inteiro se desgastando, não podia estar com questões de saúde. Os exames médicos foram solicitados, mas nada como um bom treinamento físico para você observar a condição geral de higidez do pessoal. Aí partíamos para aquelas instruções direcionadas para a operação. O papel dos organismos internacionais que iam atuar com a gente, isso era ministrado por eles mesmos. Eu pedia mediante ofício e vinham representantes de cada um dos principais organismos. Questões ligadas à geopolítica da área. Questões ligadas aos laços históricos, antecedentes Brasil-Venezuela.

Questões ligadas ao funcionamento das instalações. O Ccopab montava um PRI simulado e todo mundo passava para operar aquele PRI. Outros assuntos: questão de gênero, muito importante. Questão de respeito a LGBTQI+. Inclusive explicar e reforçar as razões para esse respeito. Porque, lamentavelmente, tem colegas que não conseguem entender isso da maneira como nós desejamos. A interação com minorias era muito grande na operação, sempre com essa noção do respeito e da tolerância. Outro assunto: princípios e valores militares, para reacender neles a razão de nós estarmos lá. Questões ligadas à manutenção da saúde no local, porque, embora não seja uma área endêmica de malária nem nada disso, é preciso estar atento à questão de consumo de água e outras coisas.

Então, eram vários assuntos. Uma primeira semana de temas mais gerais. Aí na segunda semana eu dividia já por funções na missão. Agrupava quem ia trabalhar em abrigo, quem ia trabalhar em posto de recepção, quem ia trabalhar na rodoviária, quem ia trabalhar na interiorização, e todos iam ter instruções específicas. Inclusive, videoconferência com o companheiro que naquele momento estava lá em Boa Vista desempenhando aquela respectiva função. Então, era ele quem falava sobre os desafios do trabalho dele, o que ele estava fazendo. Em cima disso tudo, naquela semana também aconteciam vacinação, entrega de fardamento, entrega de *kits* diversos, de repelentes, protetor solar, mudas de uniforme para o pessoal. E treinamento físico todo dia. Tive dois casos ali de problema de cálculo renal logo na primeira semana. Como a desidratação é intensa lá na Vila Militar, durante o treinamento físico, dois manifestaram questões mais sérias. Tivemos que substituí-los por reservas. Então, até isso a gente conseguiu identificar ali, na higidez do contingente. Porque, embora seja uma ação humanitária, é uma área bastante inóspita, do ponto de vista climatológico, principalmente durante o dia.

Como o Exército tem feito a avaliação de impacto na operação? Que tipo de mecanismos de gestão vocês usavam para isso?
Sobre a avaliação do impacto, eu não acompanhei. Como dentro do Exército o Coter faz o acompanhamento da operação, não me preocupei com esse aspecto mais aprofundadamente. Mas, do ponto de vista dos impactos para o Estado brasileiro, não está sendo atribuição do Comando do Exército. O MD está com essa atribuição e a Casa Civil também, lá da parte do governo federal.

A meta que nós tínhamos, imposta pelo comandante da operação, era a de interiorização mensal de 3 mil pessoas. Para que essa interiorização pudesse ocorrer, havia, por trás disso, toda uma sequência, vamos dizer, uma espécie de engenharia reversa que começa no momento em que o venezuelano entra na fronteira. Ele entra sem nada. Então, se ele não recebe um CPF, pela Receita Federal, logo na entrada, já inviabiliza tudo, porque o *status* de refúgio depende do CPF. Se ele opta por residência temporária, a mesma coisa. A criança desacompanhada que chega junto, qual é o *status* dessa criança? Tem que se analisar. A Defensoria Pública estava presente lá. Então, embora não houvesse uma meta, digamos, uma meta específica para o ordenamento da fronteira, isso não podia parar em momento nenhum: de manhã, de tarde, feriado... Se tivesse gargalo aqui, a meta de 3 mil interiorizados não era cumprida. Então, nosso problema, no ordenamento, era, basicamente, identificar os gargalos e tentar desfazer esses eventuais nós. Coisas as mais variadas possíveis, e que dependiam muito de *feedback* dos próprios agentes do Estado brasileiro: o representante da PF, da DPU, da Receita. Às vezes, por exemplo, um deles falava: "Coronel, aquela mesa da Receita Federal, posicionada ali, está me dificultando, porque quando eu entro no sistema de *status* da PF o migrante já tem que ter o CPF tirado, então é preciso inverter a ordem entre a estação do CPF e a da opção pelo *status*". Isso era continuamente, permitindo que os aperfeiçoamentos fossem sendo feitos. As estações tinham que estar na sequência correta para que, no final daquele sistema, na saída daquela "linha de produção", digamos, o migrante já tivesse sua situação definida. Adicionalmente, o pessoal de análise psicossocial, do Ministério da Cidadania, fazia entrevistas para identificar as vulnerabilidades que seriam prioritariamente direcionadas para os abrigos, a partir daí entrando no fluxo. Então, eu diria que, do ponto de vista operativo, nossa meta era de interiorização de 3 mil. Mas, se houvesse um gargalo, aquilo não ia ser atendido.

Então, todo dia o meu chefe de interiorização trazia um problema novo: "Coronel, estamos com um problema lá em Pacaraima. A psicóloga de atendimento social não está dando conta do fluxo, porque houve alguma coisa lá em Caracas e o fluxo aumentou. Os nossos informantes ali na fronteira — os indígenas — estão dizendo que amanhã vão chegar muitos acima da nossa média diária". A gente contava sempre com indígenas que nos alertavam por meio de informações coletadas além da fronteira, dentro do território venezuelano: "Chefe, vai chegar bastante gente depois de amanhã". Era "batata", chegava. E aí, a psicóloga que o Ministério da Cidadania mandou — uma apenas — não estava dando conta. Então, fazíamos gestão junto ao Ministério da Cidadania: "Por favor, precisamos de outro representante, para poder duplicar o fluxo de pessoas que vão ser apoiadas por ali". Vários gargalos diários eram desfeitos para poder chegar nessa meta de 3 mil.

Paralelamente, havia uma orientação — não uma determinação, mas uma orientação — de não abrigar sem que houvesse necessidade ou vulnerabilidade identificada. No sentido de irmos esvaziando, à medida que o tempo avançasse, os abrigos, para que todos ou a maior parte dos seus integrantes fossem interiorizados. Muitos venezuelanos não querem ser interiorizados, porque eles veem aquela oportunidade de estar ali em Boa Vista como algo vantajoso, no sentido de que, quando a situação venezuelana — a gente ouvia muito isso —, quando a situação venezuelana melhorasse, ele já estar próximo para voltar para a Venezuela. Ao passo que, se ele fosse para São Paulo, Rio de Janeiro, Canoas, Campo Grande, ele iria estar distante e teria que voltar com meios próprios. Então, eu passei a colocar equipes móveis de interiorização dentro dos abrigos, percorrendo, para verificar quais eram os problemas individuais de cada um e sanar o problema na hora. A interiorização não é obrigatória. Eles podem se negar a ser interiorizados, mas nós ficávamos estimulando o tempo todo. Mas nós não podíamos fazer de maneira forçosa. Aliás, a diferença da resposta brasileira para outras respostas no mundo afora é justamente essa. Por isso ela é tão admirada. Nós não criamos campos de refugiados em locais desertos. Colocamos próximo à cidade para facilitar a integração socioeconômica e a reinserção social. Agora, há problemas. Tem gente que foge do abrigo porque não quer ficar. Aí você tenta convencer. Mas sempre com foco na dignidade humana, o que é necessário numa situação dessa.

Deve ser uma dinâmica interessante essa relação com o refugiado, que você está tentando incentivar ele a se interiorizar e ele está naquela dúvida. Imagino que devem emergir naturalmente lideranças na comunidade venezuelana, não? Como vocês administravam? Vocês tinham pontos de contato em que havia trocas de informações com a comunidade, com líderes que surgiam, que eram pontos importantes?

A gestão do abrigo é compartilhada entre o Acnur — por meio do seu parceiro implementador — e a força-tarefa — no caso, o Exército. Então, o Exército é responsável, dentro dos abrigos, pela segurança, infraestrutura e alimentação. A segurança do abrigo, inicialmente, era feita pelos próprios militares nossos. Depois, fizemos um contrato terceirizado para fazer a segurança. A infraestrutura: o nosso pessoal do 6º BEC — Batalhão de Engenharia de Construção, lá de Boa Vista — era responsável por questão de infraestrutura de água e esgoto, montagem de parte elétrica dos abrigos. A questão de alimentação também: uma licitação para entregar alimentação balanceada dentro do abrigo para todos os venezuelanos. Três refeições ao dia, completas, com sobremesa, bebida. Enfim, essa era a nossa atribuição.

O Acnur cuida da parte de gestão populacional do abrigo. Então, a interação com os refugiados dentro do abrigo é a cargo dos parceiros implementadores civis. Como é que eles fazem isso? Eles montam comitês dentro do abrigo, voluntários. Identificam ali pessoas que são mais desprendidas, que têm uma dedicação maior, que têm um zelo maior, que se voluntariam, que são mais proativas. Chamam essas pessoas e perguntam: "Você quer ser chefe do comitê de alimentação? Você vai ser responsável por, todo dia que chegar o fornecedor com as quentinhas, organizar a linha de servir, organizar o refeitório — o *comedor*, como eles chamam em espanhol — para poder distribuir a refeição e vai controlar a refeição". Comitê de segurança: é a pessoa que vai ajudar o Exército a manter a segurança dentro do abrigo. Então, tem uma briga de casal dentro de uma casinha lá que são os habitáculos que o Acnur forneceu — as habitações individuais ou de família. Quem vai lá apartar a briga de casal? Não é o militar fardado, é o pessoal do comitê de segurança que vai lá para ver, fazer uma mediação. Comitê de limpeza, que mantém a higiene. Não só executa a limpeza, como também reporta problemas.

Então, a gestão dentro do abrigo é feita pela própria população do abrigo, supervisionada pelo Acnur — pelos seus parceiros implementadores. Isso tem muita vantagem. Primeiro, você tira da ociosidade. As pessoas se sentem úteis. Nós democratizamos o ambiente do abrigo. Não existe um militar fardado dando ordens no abrigo. São eles próprios que se organizam. Eles dissipam conflitos que haja ali dentro. Eles próprios, às vezes, criam códigos de ética e códigos de justiça informais — de punição, inclusive: "Olha só, você não vai mais ver televisão e tal... Você desrespeitou fulano". É claro que eles fazem isso olhando para trás e vendo o militar fardado dentro do abrigo. Mas isso é tácito, digamos assim. É uma segurança que eles sabem que, se houver algum destempero com eles — como presidentes dos comitês —, o Exército vai estar ali para ajudar. Então, essa gestão funciona muito bem. Dá um ar muito de comunidade dentro, de democracia. Todos eles participam. Você, com isso, vai identificando quem são esses líderes e, ao fim e ao cabo, consegue, inclusive, no momento de interiorização, colocar essas pessoas para passar à frente na interiorização como uma espécie... Eles já sabem disso, porque é dito: "Olha, se houver equivalência de vagas em determinado local, vai ter prioridade aquele que é o colaborador do abrigo, o que se voluntaria para trabalhar e para nos ajudar voluntariamente". Esse vai ter precedência, exceto se houver necessidade ligada à vulnerabilidade: um deficiente, um idoso, sempre têm prioridade. Mas, em igualdade de condições, os colaboradores dos abrigos, voluntários, acabam tendo possibilidade de interiorizar antes.

A gente trabalhava com quatro modalidades de interiorização. Então, ou ele pode ir por vaga de emprego sinalizada — que é o "filé-mignon", no sentido daquela interiorização completa, como a gente gostaria que fosse para todos. Tem também a reunificação familiar: tinha um emprego para o marido, a mulher não podia ir, nem os filhos. O marido foi, se empregou, ganhou o primeiro salário, conseguiu alugar uma casa, um apartamento. A família agora pode ir ao encontro dele, nós a fazemos ir para lá. A reunião social: foi alguém para lá e chegou lá, conseguiu um ponto de contato, um amigo. Esse amigo se apresenta para a Operação Acolhida como um receptor qualificado. A gente o entrevista, vê quem é, se não é picareta que quer fazer trabalho análogo à escravidão com os venezuelanos. Aí ele vai para a reunião social, quer dizer, vai se juntar a um grupo social lá. E tem o institucional, que é de abrigo para abrigo. Sai do abrigo de Boa Vista e vai para o abrigo da Cáritas Brasil em São Paulo, ou para o abrigo da prefeitura do Rio de Janeiro. São essas quatro modalidades. Na hora da gestão do abrigo, às vezes a gente consegue botar essas prioridades. Então, em linhas gerais, a gestão é a mais democrática possível: a força-tarefa — Exército — com aquelas três atribuições e um parceiro implementador com o manejo interno populacional — a questão humana dos comitês internos.

Que tipo de ferramentas de gestão você acha que faltou e que gostaria de ver mais treinamento dentro do Exército para a implementação, em operações de tipo humanitária?

Foi desenvolvido, ainda no 3º Contingente, um *software* que foi sendo aperfeiçoado, o Acolhedor. É um grande banco de dados para a interiorização. Então, quando você chama ali o nome do migrante, vão aparecer todos os dados pessoais, número de identificação, qual é o *status* dele, quais são as qualificações etc. No momento em que alguém pede um migrante, um refugiado com essas qualificações, o Acolhedor já computa e contabiliza. Mas isso é dentro da operação, para controlar a interiorização. Nós lidávamos muito, por intermédio das duas agências parceiras da ONU maiores — a OIM e o Acnur —, com as próprias ferramentas internas deles. O Acnur tem os mecanismos de controle deles, ligados ao Conare. A OIM também tem os mecanismos dela de fazer a interiorização. Em tese, o Acolhedor concatenava todas essas informações para que a gente tivesse uma fotografia, um raio X, da interiorização.

O que eu sempre sonhei que pudesse ser feito? Era uma reclamação dos comandantes, do próprio general Barros e de qualquer comandante que assuma a operação: essa rotatividade dos contingentes tem perdas de efetividade muito grandes na transição, porque chega um contingente completamente novo, com pessoas novas, as relações ainda vão se estabelecer. No final do primeiro mês, você consegue entender a complexidade da operação como um todo. Então, você atua a pleno dois meses. No quarto mês, você está se despedindo para a troca de outro contingente. O general Barros tentou montar uma espécie de Estado-Maior permanente com os chefes de células, o pessoal de operações, inteligência, que também roda — os únicos dois permanentes são o comandante da operação, que é o coordenador, que é o general, e o coordenador adjunto. Mas não conseguiu fazer isso na época.

Então, existe uma perda de efetividade na transição. Por que eu estou dizendo isso? Porque eu visualizei que, se houvesse uma quantidade grande e nós tivéssemos a possibilidade de fazer isso, nessa interação com o Ministério da Cidadania, a Casa Civil da Presidência, o Ministério da Justiça e o Ministério da Saúde — que são, basicamente, os órgãos mais debruçados —, teríamos o acompanhamento posterior à interiorização. Como você pode monitorar qual foi o resultado daquele processo de interiorização? Exemplo: outro dia fui ao Rio de Janeiro, fui fazer uma atividade física no Aterro do Flamengo, ouvi um sotaque espanhol de uma família embaixo de um coqueiro daqueles ali. Olhei e achei que era um sotaque venezuelano. Me aproximei para conversar. Era um rapaz, uma moça jovem e cinco crianças. Ele foi interiorizado para o Rio de Janeiro para uma vaga de emprego selecionada, mas quando veio a pandemia o mandaram embora. Não tem condição de se manter. Foi até o abrigo da prefeitura e não teve condições de ser absorvido. Está mendigando nas ruas do Rio de Janeiro sem ter para onde ir. Então, se houvesse a possibilidade de um rastreio permanente dessas pessoas, nós teríamos como avaliar melhor, do ponto de vista de política pública, se o que nós julgamos que lá no início está realmente funcionando, e onde está funcionando. O general Barros, quando assumiu — nós conversávamos muito sobre isso —, visualizou criar, dentro dos estados da federação, comitês de interiorização regionais para acompanhar isso. O Exército brasileiro tem oito comandos militares de área e 12 regiões militares. Essas 12 regiões militares estão espalhadas pelo Brasil todo, pegando mais de um estado. Então, a ideia era botar, dentro dessas regiões militares, escritórios regionais de interiorização vinculados à Operação Acolhida. Um militar mesmo, inclusive o militar que nós chamamos de PTTC — prestador de tarefa, que é da reserva.[12] O PTTC com uma mesa, um computador, uma conexão com a internet falando com a Acolhida, rodando o *software* Acolhedor dentro do escritório regional e ciente de quem está chegando e para onde está indo. Mas aí veio a Covid. Eu não sei se isso foi adiante. Aqui em Brasília, pelo menos, não tem essa estrutura regionalizada. Mas isso seria possível fazer se tivéssemos essa capilaridade para ter esses retornos. E mais, o escritório regional funcionaria como um grande aglutinador de voluntários, de instituições voluntárias. Esses 12 Comitês Regionais de Interiorização — que o general Barros

[12] PTTC significa "prestador de tarefa por tempo certo", um regime de contratação temporária de militares da reserva ou reformados para atividades específicas dentro das Forças Armadas.

chamou de CRI — seriam uma maneira de poder operacionalizar esse controle regional. Acho que, no mundo ideal, era uma possibilidade de acompanhar qual foi o desdobramento dessas pessoas, do ponto de vista da interiorização.

A troca constante dos contingentes, ela diz respeito a permitir um maior contato por parte do maior número possível de militares com esse tipo de operação humanitária em território nacional? Que impacto isso gera para o Exército, tanto em termos de formação quanto sobre a imagem do Exército, tanto nacional como internacionalmente?

A razão que você mencionou em relação à troca de contingentes — que é o contato do maior número possível de militares com essa experiência —, ela realmente acontece e é análoga à nossa intenção com forças de paz como no Haiti, com rotatividade a cada seis meses. Mas ela também tem um efeito ligado ao impacto que causa no comando de área. Quando você tira 500 militares com perfil muito bom e manda para uma operação fora da área geográfica do comando, você tem um impacto grande ali. No caso do CML, por exemplo. Eu era o chefe da comunicação do CML como um todo, em um momento de difícil gerência, porque a intervenção federal tinha acabado recentemente, estávamos ainda fazendo a transição do legado da intervenção, a imprensa ainda questionando muito as compras que foram feitas. Toda a minha relação com a imprensa, construída em um ano e meio, eu não tinha para quem passar em tempo hábil. Porque a construção de laços com a imprensa, ela vai se formando na base da confiabilidade, não é? Então, a minha saída abrupta possivelmente causou dificuldades nesse sentido. O mesmo aconteceu em várias outras áreas. Eu estou dando o meu exemplo porque é o exemplo que eu presenciei, que eu senti. Então, sobre a rotatividade: para dar mais experiência ao maior número possível de militares, mas também para evitar que o comando sofra o impacto permanente daquilo. Já se pensou em fazer a cada seis meses também, mas o Alto-Comando não autorizou, o máximo que se conseguiu foi rodar a cada quatro meses.

Com relação à nossa imagem para os organismos internacionais, é um vetor de visibilidade muito eficaz e positivo para nós. Por um lado, dissipa muitos preconceitos que eventuais organismos tinham de trabalhar conosco. Isso existe, obviamente, a gente sabe. Eles passam a entender que nós temos capacidade de atuar sob o conceito de amplo espectro operativo — esse é um conceito de exércitos modernos: poder atuar desde uma operação eminentemente humanitária, passando por uma escalada no uso da força, para uma crise, para uma GLO, para um conflito armado assimétrico, até chegar à guerra de combate convencional de alta intensidade — e às vezes tudo ao mesmo tempo. Outrora, o campo de batalha se dividia nessas tarefas. Elas não eram simultâneas. Hoje, é tudo ao mesmo tempo. Então, é isso que nós denominamos "operação de amplo espectro".

Eu escrevi um artigo que publiquei na revista do CML, sobre a Acolhida.[13] Eu ouvia, antes de viajar, o seguinte: "O CML saindo de GLO, da intervenção — tiro, porrada e bomba, não é? —, como é que vai ser lá? Humanitário?". Eu falei: "Calma, o Exército está preparado. Então nós, aqui no CML, também estamos. As nossas escolas são uma espinha dorsal poderosa na capacitação. Nós somos admirados no mundo inteiro. Os nossos oficiais que vão fazer curso no exterior, todos eles voltam primeiros colocados nos cursos. O Brasil, hoje, é modelo em operações de paz. As pessoas vão no Ccopab e perguntam como é que a gente consegue fazer isso. Não é por acaso. Então, calma, que vai dar certo". Na outra vertente, já lá durante a operação, alguns agentes de campo de organismos internacionais comentavam comigo, meio que angustiados: "Coronel, se o Exército sair daqui essa operação vai entrar em colapso". Eu explicava: "Olha só, não é para mim que você precisa falar isso, você precisa falar isso para a Casa Civil da Presidência". Porque existe um projeto já antigo de que vá sendo feito um *downsizing* até que somente os organismos do Estado brasileiro, fora as Forças

[13] Disponível em: <www.ebrevistas.eb.mil.br/ECO/article/view/6450/5577>. Acesso em: 24 out. 2021.

Armadas, possam conduzir a operação. Muitos brincavam: "É igual à Operação Pipa, lá do Nordeste, que é temporária há 20 anos...". Não podemos permitir que a Operação Acolhida seja "temporária" durante 20 anos, vamos tentar fazer um *downsizing*. Então, esse reconhecimento deles se dava no terreno, se dava nas relações interpessoais, e aproveitamos essa oportunidade para isso.

Quando eu cheguei lá, vi uma recalcitrância em permitir que os militares usassem os apetrechos das suas tropas de origem. Exemplo: o Batalhão de Aviação, lá de Taubaté, tem militares de resgate, que usam um bonezinho laranja. O Batalhão de Montanha tem o pessoal que usa uma boina cinza. São traços identificadores das tropas. Para uniformização, queriam que todo mundo só usasse o mesmo gorro camuflado. Eu falei: "Não, pessoal, nós temos que deixar". Primeiro, porque não é irregular. Segundo, porque cada um que é visto com uniforme diferente vai aguçar a curiosidade de saber que especialização é aquela, que trabalho é aquele que o Exército faz, que instituição tão eclética é essa que consegue atuar em todos os cenários do país, em todos os ambientes. Eu tenho alguns colegas de outros exércitos com a curiosidade: como nós estamos fazendo essa operação, como é que o Exército pode desempenhar isso? Então, eu acredito que, sem deixar de levar em consideração o preparo e emprego para a guerra, nós estamos dando uma demonstração bastante grande de competência nessa área. No meu livro de direito humanitário,[14] tem um momento em que eu coloco o fluxo de civis no campo de batalha e como é que nós fazemos para poder resolver essa parte de civis, as instalações que a gente estabelece. E, numa comparação com as instalações que foram criadas para a Operação Acolhida, elas são muito parecidas, em termos de finalidade, com as operações que a gente faz no campo de batalha, para a guerra: você bloqueia a passagem para poder identificar, direciona para lá, direciona para cá. Então, não é um campo em que nós somos neófitos. A gente já trabalha nisso há muito tempo. Só que adaptamos para a questão humanitária.

---

[14] CINELLI, Carlos Frederico. *Direito internacional humanitário*: ética e legitimidade no uso da força em conflitos armados. Curitiba: Juruá, 2016.

Você acha que essa experiência de ajuda humanitária vai gerar — ou já gerou — alguma produção de manuais, de normas?

Vai, vai gerar... Bom, respondendo inicialmente: o modelo da resposta brasileira foi inédito. Foi sendo construído à medida que foram acontecendo as dificuldades. Eu comentei essa questão de a gente já ter instalações na guerra que se adaptaram. A lógica operativa do campo de batalha dos militares funciona do mesmo jeito: "Para onde é que você está indo, caro civil?". "Me diz por favor quem você é." "Você quer ir para aquela direção, então vem por ora aqui para esse abrigo que eu vou te acolher, vou te dar água, comida, vou te abrigar." Esse é o posto de identificação e recepção, a parte de interiorização e o abrigo. Na guerra, seria o posto de bloqueio de civis, de coleta de civis e de campo de refugiados. Então, isso acaba sendo lógico. Do 7º para o 8º Contingente começou, na operação, uma experimentação doutrinária a fim de conceber o manual da Companhia de Assuntos Civis. "Assuntos civis" é um tema que hoje perpassa todos os exércitos do mundo. Operações Cimic, civis-militares, padrão Otan, que é o padrão vocacionado para o cumprimento da missão. Quer dizer, o objetivo é coordenar os órgãos civis, mas em prol do uso da força, para o cumprimento da missão, do objetivo militar de guerra. O Cimic padrão ONU é a coordenação nessas grandes catástrofes humanitárias, operações humanitárias sob a égide da ONU. Nós não temos ainda, embora já tenhamos experimentações e cadernos de instrução sobre isso, um manual de Companhia de Assuntos Civis, Batalhão de Assuntos Civis. Então, essa experimentação está sendo feita lá. Pelo menos, ela ia ser iniciada, não sei se com a Covid deu uma interrompida. Em suma, concluir sobre as seções e as subseções que precisariam ser criadas num eventual Batalhão de Assuntos Civis? Qual é a lógica do Batalhão de Assuntos Civis? Desencadeou um conflito: você precisa interagir com os órgãos civis, com a estrutura do Poder Judiciário local, com instituições de Estado etc. Vai o batalhão para lá, com seus especialistas, para fazer essas tratativas governamentais, principalmente em territórios ocupados. Então, se nós pudermos capitalizar doutrinariamente para conceber as bases desse manual aproveitando o andamento da própria Operação Acolhida, eu acredito que será um enorme ganho. O Coter já está bastante avançado nesses estudos. O general Barros, inclusive, era o chefe de preparo no Coter e ele foi para a operação já com esse intuito de fazer essa experimentação em relação ao Batalhão e Companhia de Assuntos Civis, fruto da experiência da Acolhida.

Coronel João Roberto Albim Gobert

O coronel João Roberto Albim Gobert foi chefe do Estado-Maior do 8º Contingente da Força-Tarefa Logística Humanitária para o Estado de Roraima. Concluiu os cursos da Aman em 1991, o da EsAO em 1999 e o da Eceme em 2008. Entre 2010 e 2011, foi observador militar na Missão da ONU no Sudão (UNMIS). Entre 2014 e 2017, foi oficial de ligação no Departamento de Operações de Manutenção de Paz da ONU, em Nova York.

Entrevista realizada em 20 de maio de 2021.

Como aconteceu sua ida para a Acolhida?
Em julho de 2018, fui nomeado assistente do general Paulo Sérgio, o atual comandante do Exército. Em janeiro de 2019, cheguei lá no Comando Militar do Norte, que ele então comandava. Ao longo de 2019, nós já visualizamos o 8º Contingente como sendo do Comando Militar do Norte e do Comando Militar do Nordeste, que tinha sido o 3º Contingente. Eu era o coronel mais antigo, a par de outras experiências: um ano no Sudão e três anos no DPKO, na sede da ONU. O general Paulo Sérgio fez diretamente o convite. Na verdade, nós encaramos como uma missão. Vibrei muito mesmo com a oportunidade. Ele me perguntou, quando me deu a missão: "Você não vai telefonar para Luana (minha esposa), para falar com ela?". Aí eu falei: "General, nesse caso eu tenho uma combinação bacana com ela: quando é missão, eu não pergunto, eu vou lá e cumpro; quando é para escolher, eu escolho o que ela preferir" [risos]. Tem dado certo. Então, foi uma missão assim, pega num determinado momento, em dezembro de 2019. Em dezembro, janeiro, fevereiro, nós trabalhamos para montar o contingente Comando Militar do Norte-Comando Militar do Nordeste.

Como foi a preparação para o novo contingente da Acolhida? Ela foi feita ainda antes da pandemia.
A nossa preparação tinha fases bem definidas. A primeira é a seleção do pessoal. A segunda fase, a concentração do pessoal. A terceira, a instrução ou o adestramento, o treinamento; e aí, durante essa fase, fazíamos o reconhecimento e depois o desdobramento do contingente. *Grosso modo*, assim é a conformação de um contingente da Acolhida.

A seleção procurou privilegiar alguns aspectos. O principal era o voluntariado, porque é uma missão relativamente longa, em que nós não podemos levar a família; e o ser voluntário como primeiro critério sempre traz boas consequências para o contingente. Entretanto, por ser uma missão longa, nem sempre a gente consegue todos os voluntários. O meu contingente tinha 594; do Exército eram em torno de 490 e alguma coisa do CMN e CMNE. Tem também militares que vêm do Ministério da Defesa, tem um pessoal que é o pessoal de saúde, que não fica quatro meses. Ou seja, tem outros militares que participam do contingente. Os capelães, por exemplo, o pessoal religioso, eles não ficam os quatro meses, porque eles fazem falta no... A mesma coisa os médicos. Há um rodízio mais curto.

Depois dessa primeira fase do voluntariado, no caso do meu contingente, o general Paulo Sérgio, no Comando Militar do Norte, e o general Freire Gomes, no Comando Militar do Nordeste, envolveram os oficiais-generais diretamente subordinados em uma campanha de incentivo para o pessoal. A campanha de incentivo, envolvendo os comandantes, já envolve aspectos da área afetiva; o incentivo militar, normalmente, tem esse componente de: "Vamos lá, vamos cumprir a nossa missão, temos que levar o que nós temos de melhor!". No final, com essa segunda campanha, fechamos todos os integrantes do contingente, voluntários, para seguir para a Operação Acolhida. Aí, como havia mais voluntários que vagas, tivemos oportunidade de fazer uma seleção de acordo com as habilidades, especialmente do Estado-Maior da operação e daquelas funções que são muito técnicas. Dessa maneira, o contingente estava formado ali no final de janeiro. Essa fase é a mais longa.

Na sequência, nos meses de fevereiro e março, tivemos concentração em quatro locais diferentes, porque seria muito caro reunir todo o contingente em um local só. Então, o Comando Militar do Norte fez o adestramento do seu pessoal em Belém. Tivemos militares que vieram desde Itaituba, Altamira, Marabá, Imperatriz, Macapá e São Luís, que são as sedes principais do Comando Militar do Norte, e que se concentraram em Belém, para cerca de 10 dias de adestramento presencial. Antes, foram distribuídos materiais de estudo diversos e depois seguiram instruções nas próprias guarnições. No Comando Militar do Nordeste, as distâncias são tão grandes quanto no Comando Militar do Norte; a preparação ocorreu em Salvador, no Recife e em Fortaleza. Então, houve concentração de militares nas regiões militares, nas suas respectivas sedes. Nessa fase, nós montamos quadros de trabalho idênticos, para serem executados. Como chefe de Estado-

-Maior, eu coordenava as funções de Estado-Maior. A minha terceira seção, a D3, foi encarregada de preparar um apanhado de instruções, apresentações de PowerPoint, para que, a despeito da distância e da diferença do instrutor que iria ministrar, pelo menos o cerne da instrução estivesse ali bem definido.

Tivemos também a participação de algumas agências. Não foi possível levar todas, mas nós tivemos participação de Acnur, OIM, ONU Mulheres e Unicef. Qual foi a ideia da participação das agências na instrução, que não ocorreu em todos os contingentes? A ideia foi que os militares percebessem que a Operação Acolhida exige do militar que ele se prepare mentalmente para um outro ambiente operacional. Eu falei com todos os militares, foram 11 levas de aeronaves. Eu estive recebendo todas as levas e dirigi a palavra a todos os militares, com uma mensagem de que nós temos que "mudar o disjuntor". Aquela operação militar característica, pela ação de força, pela agressividade e pelas características típicas de uma operação militar, o militar tem que girar esse disjuntor. Agora, ele está numa operação humanitária, ele precisa enxergar tudo que envolve e todas as ações com esse olhar. A presença das agências no treinamento contribuiu para que esse espírito fosse sendo percebido desde o início, bem cedo. Aí, com a recepção, a explicação e o entendimento, ele acabou ocorrendo. Especialmente em virtude da crise, que a gente ainda não sabia que iria enfrentar, e acabou enfrentando.

A gente percebeu que, quanto mais antigo é o militar, mais fácil é essa adaptabilidade. Quando um militar mais antigo, o chefe de seção de Estado-Maior, consegue dar o exemplo, consegue realmente colocar a empatia acima das outras virtudes que são necessárias em qualquer tipo de tratamento com a população, fica mais fácil. Ficou mais fácil. Então, não havia gritaria, não havia correria, não havia rispidez. E, nas ocasiões em que isso quase houve, foi muito fácil resolver a situação com rapidez. Há conversa, e a pessoa que não se adéqua acaba sendo chamada à razão, porque nós não estamos numa operação de combate; o combate é contra as dificuldades que os refugiados e solicitantes de residência temporária vivem. Nós tínhamos que nos enxergar naqueles pais; as mulheres, naquelas mães; e, especialmente, em relação às crianças, nossos filhos, nossos netos, nossos primos, irmãos. É algo para o que você precisa estar preparado.

É importante o militar entender, por exemplo, a ação da ONU Mulheres na propagação e na necessidade extrema de se equilibrar a representação de gênero nas missões, não só humanitárias, mas em qualquer missão sob a égide das Nações Unidas. Se ele não tiver empatia, se ele não conseguir perceber o quão necessitadas aquelas pessoas estão, não vai adiantar nada ele ter o conhecimento técnico. Por isso é que o foco na preparação foi nessa... não vou dizer mudança de atitude, porque também, no dia a dia, nós não somos o tempo inteiro agressivos. Não é a realidade. Existe um estereótipo formado, que serve para uma determinada finalidade, mas que não precisa ser colado à nossa imagem o tempo inteiro. A gente buscou isso no nosso contingente, na fase da preparação.

Passando da preparação para o desdobramento. Nós já tivemos alguns problemas com a Covid antes do desdobramento, porque nos meses de fevereiro e março começaram a aparecer os casos em alguns locais. E 10, 15 dias antes do embarque de algumas levas, a gente tinha notícias: "O adjunto da célula D8 foi diagnosticado com Covid". Cada comando regional tinha substitutos, que também participaram do treinamento. A primeira leva do meu contingente chegou no dia 20 de março; dia 22, se não me falha a memória, foi o primeiro caso de Covid em Roraima. A última leva chegou na primeira semana de abril. Então, o contingente foi sendo substituído. O do Cinelli foi partindo aos poucos. Do 7º Contingente, ficaram cerca de 40 militares para ajudar nos planejamentos. Houve a decretação do estado de emergência ainda em fevereiro. É esse o início da ação do então coordenador operacional (o coordenador operacional adjunto era o coronel Georges Kanaan), o general Barros, com proatividade, visão estratégica, trazendo as agências parceiras para o lado e procurando enxergar que tipo de cenário ia se desencadear por causa da pandemia. Foi importantíssimo.

Qual foi a situação que o senhor encontrou quando chegou, em 20 de março de 2020?
Nós já havíamos feito um reconhecimento em fevereiro, com o Estado-Maior. Quando nós chegamos em 20 de março, todo o Estado-Maior do Cinelli ainda estava lá, e permaneceu até o dia 29, quando eu assumi efetivamente a função do Cinelli. Então, a passagem de função foi muito boa. O Cinelli é meu amigo desde os 15 anos de idade, e colega de turma na Aman. Ele tem uma competência, uma cultura em comunicação social, em direito internacional humanitário, enfim, em campos que são de extrema importância para uma atividade humanitária. Foi uma passagem primorosa. Eu me sinto privilegiado em tê-lo substituído.

Chegamos de manhã, almoçamos, e à tarde eu já estava sentado ao lado do general Barros e do Cinelli, numa reunião de planejamento. Naquela ocasião, em 20 de março, nós tínhamos uma situação *sui generis*. Não havia EPI para todos. Os venezuelanos estavam sem máscara, estava faltando álcool em gel, a gente ia em farmácia e não encontrava. Então, toda uma cadeia logística estava sendo ainda organizada para suprir essa necessidade. Naquela ocasião, começaram as iniciativas, por exemplo, de confecção de máscaras, então fizeram um levantamento sobre que beneficiários da operação, costureiros, costureiras, que entidades poderiam fornecer o material. Até o material, não se sabia, ainda, direito. Se falou em máscara de TNT, se falou em máscara de papel-manteiga, aquele que a gente leva para o forno, que seria rápido de fazer — grampeava e já era alguma coisa. Aí chegou-se à conclusão de que a máscara de tecido com pelo menos duas camadas, se bem higienizada, poderia ter uma efetividade. Não se sabia ainda da máscara N95. Então, as máscaras descartáveis começaram a chegar, e as iniciativas para proteger os beneficiários da operação começaram. Pessoas foram reunidas num galpão, que foi cedido por uma ONG e, ali, cerca de 20 costureiras começaram a produzir máscaras em massa. Mas a velocidade era… realmente, não iria suprir, se não tivessem logo chegado insumos.

A fronteira já estava fechada quando o senhor chegou?
Ela foi fechada exatamente ali, em meados de março. Não estou me recordando a data exata. Mas nós chegamos com a fronteira fechada. A gente chegou lá em Pacaraima, tinha um módulo do hospital de campanha do Exército que foi desmontado e veio para Boa Vista. O hospital de campanha é maior do que aquele módulo que é visto nas fotos. Se não me falha a memória, tem a parte central e são quatro módulos daqueles. Então, aquele, na verdade, era um pedaço do hospital de campanha, que supria a necessidade, lá em Pacaraima, das pessoas que chegavam. Eventualmente, também ajudava a população de Pacaraima. Quando o hospital local não tinha condições, o pessoal, sob certas condições, era atendido também lá naquele local. E foi em três dias. Nós chegamos na sexta-feira, no sábado começou a desmontar, na terça-feira ele já estava montado lá na área onde viria a ser a área de proteção e cuidados.

Fazendo um paralelo com a missão no Haiti: ela foi uma antes e outra depois do terremoto. Depois do terremoto, virou de ajuda humanitária, praticamente. Na Acolhida, com a pandemia, ocorreu uma transformação muito grande, não?
O general Barros falava muito bem: é a crise dentro da crise. Como endereçar os desafios de um centro de gravidade extremamente potente e disruptor com o que já tinha que ser feito, que continua sendo necessário ser feito? Os pilares da Operação Acolhida, o ordenamento da fronteira, o abrigamento e a interiorização não poderiam parar. E, mesmo com o fechamento da fronteira, nós ainda tínhamos o fluxo ilegal pelas *trochas* da fronteira, as trilhas, que durante a noite são... É uma área muito permeável. Nós tínhamos um passivo de cerca de 12 mil pessoas, em março de 2020, nos abrigos e também nas ocupações espontâneas. Esse é o termo usado pela OIM e pelo Acnur para os locais que foram utilizados por pessoas que não queriam ir para o abrigamento ou que chegaram em circunstâncias, digamos, não ideais, pessoas que não confiavam no esforço humanitário e tinham medo de

serem deportadas, enviadas de volta ou de perder aquela liberdade. A impressão sobre os abrigos foi sendo desmontada ao longo do tempo. Os abrigos, na Operação Acolhida, não atacam o principal aspecto de proteção aos venezuelanos e venezuelanas que buscam ajuda: a liberdade. Não. Existem as regras, mas aquilo não é um campo de refugiados, não é campo de prisioneiros. Nada disso. Tanto que as ocupações espontâneas eram abordadas, pelas ONGs e agências, sempre de forma muito leve, apresentando o que é o abrigamento, fornecendo atendimento médico e assim por diante, e que seria melhor para qualquer família, em vez de estar num local insalubre, estar pelo menos num abrigo onde há uma preocupação com água, com as medidas de Wash. Esse é um processo constante. Como parar com isso, para endereçar a pandemia que estava se avizinhando de Roraima? Não tinha como parar. O segredo foi esse: administrar. E isso envolveu muito a visão estratégica e a capacidade de trabalho, de condução de equipe do general Barros, o coordenador operacional atual, e do coronel Kanaan, que era o adjunto, até maio. Em maio, ele partiu para a Secretaria de Governo. Foi quando eu acumulei as duas funções, de chefe de Estado-Maior e de coordenador operacional adjunto.

Qual era, no dia a dia, o papel do Exército nesses abrigos e nas ocupações, além de administração, de coordenação? E como lidar com as ocupações espontâneas? Havia mais de 100 agências ali envolvidas, e o militar está acostumado a comandar, ou a coordenar, mas, no fundo, mandando. Como é que fica essa equação, nessa situação?

Nos abrigos, nós tínhamos duas classes de coordenadores: o coordenador humanitário e o coordenador, simplesmente. O coordenador era um militar. Ele era uma presença, uma conexão com a coordenação da operação como um todo e que era responsável, digamos, pela ordem nos abrigos mesmo. Não a ordem como numa operação militar, mas ele contribuía e era uma presença que deve, naturalmente, expressar respeito às pessoas. É uma presença de exemplo, uma presença de dedicação, de estar junto. Aquela empatia que eu citei. Cada abrigo era coordenado, não diretamente pelo Acnur, e sim por entidades contratadas pelo Acnur, e esse militar era a conexão da coordenação da operação, que tem na figura do coordenador operacional o seu representante máximo perante os ministérios, especialmente perante a Casa Civil, que era, entre aspas, a dona da Operação Acolhida. São 11 ministérios. E o general Barros, também, é o comandante da Força-Tarefa Logística Humanitária, que é o componente militar. Havia esse entrelaçamento, essa interligação entre a força-tarefa logística e os mais de 100 parceiros — na verdade eram 121.

Em relação ao estilo de comando: algumas atividades precisavam efetivamente ser comandadas, organizadas. Vou dar um exemplo: as refeições. Especialmente no posto de recepção e abrigamento da rodoviária, que era um local para onde as pessoas que não queriam ficar nos abrigos, que não estavam em ocupações espontâneas, se dirigiam para pernoitar. A ideia era que fosse apenas um albergue, mas acabou sendo um ator fundamental na organização do espaço público, especialmente na cidade de Boa Vista. As pessoas dormiam pelos canteiros, famílias inteiras. Então, elas foram abrigadas, sim. Mas ainda houve as pessoas que não queriam ser abrigadas e até mesmo pessoas que trabalhavam durante o dia e voltavam para pernoitar na rodoviária. Daí, o PRA, na rodoviária, era um posto que também deixava bem claro que, se as pessoas não podem ficar na rua o tempo inteiro, por causa da insalubridade, da possibilidade de serem vítimas de violência — crianças, mulheres, idosos etc. —, então o PRA ofereceu uma oportunidade. As refeições, por exemplo, eram o momento no qual, em algumas ocasiões, houve discussões entre os venezuelanos, em relação a "estava num local na fila", "só me deram um pouco dessa refeição aqui, eu queria um pouco mais...". Nisso, os militares entram em ação, para organizar; mas sempre tomando muito cuidado. Por isso, nós empregávamos também, tanto nos abrigos quanto lá no PRA, a figura do colaborador. Eram pessoas voluntárias para trabalhar, para ajudar, para serem as conexões entre as agências coordenadoras humanitárias e os coordenadores militares e as famílias. Então, quando a gente precisava que houvesse alguma reunião, a gente não precisava falar num megafone, nada disso. A gente chamava os colaboradores e eles reuniam as lideranças, que se formavam com naturalidade.

Quem escolhia esses colaboradores? O coordenador militar, os próprios refugiados?
O processo corria com naturalidade. Quando um coordenador era, por exemplo, interiorizado, e seguia para algum local, as lideranças surgiam naturalmente. Isso aí eu também vi acontecer na África, tanto para o bem, quanto para o mal. O nosso papel, junto com os coordenadores humanitários, era evitar que uma liderança fosse alguém, por exemplo, que traficasse drogas, ou que participasse de rede de tráfico de crianças. Muito sensível. Uma das principais razões para os abrigos serem cercados é justamente essa. Você precisa vigiar o perímetro e ter uma ideia mínima de quem está lá dentro. Os abrigos têm listas, a gente sabe as famílias que vão pernoitar, quantas crianças tem; não pode passar nenhum material por cima dos muros. Então, não é cercar, isolar; é proteger contra os predadores. O ambiente humanitário é pleno de oportunidade para predadores sexuais, para o mercado de escravidão, as drogas, os traficantes. A vulnerabilidade é tanta, que ali é um universo pleno de oportunidade para esses predadores.

Nós organizamos, nós sabemos colocar cada coisa em seu local. Não que os outros não saibam. Mas é a nossa colaboração. E aí também tem o aspecto cultural: a farda como uma imagem do Estado brasileiro. Nesse caso, era bem clara a representatividade. Tanto que o coordenador operacional designado pela Casa Civil é um general de divisão da ativa do Exército. Era o general Pazuello, inicialmente; agora é o general Barros, desde janeiro de 2020. Algumas vezes o general Barros precisava dar ordens, sim, porque a visualização estratégica e a responsabilidade eram dele. Então, quando o hospital de campanha foi ser construído, por exemplo, ele definiu a localização e a quantidade máxima de leitos. Foi com base num estudo epidemiológico, conduzido por uma infectologista da OIM e duas infectologistas militares, que apontaram cenários que depois se confirmaram. Então, isso variava muito. Se a gente não centralizasse a coordenação, o Unicef ia gastar dinheiro comprando caixas-d'água, suportes, torneiras, para lançar nos abrigos; a Adra, que é uma ONG que é especialmente responsável pelas refeições no PRA, ia fazer a mesma coisa. Então, a coordenação militar, às vezes, permitia que, ao convocar uma reunião, forças diferentes se juntassem e falassem assim: "Eu não preciso construir 11 lavadores de mão, com quatro torneiras, porque tem 11 abrigos, então, o abrigo que precisa de quatro lavadores, o Unicef vai ficar com esses, a Adra fica na rodoviária, o Exército vai construir e vai colocar em mais dois abrigos". Então, basicamente, era isso: cada situação definia o estilo de comando. O importante é essa compreensão de que, sem esse entrosamento, não se alcança a tal famosa sinergia de que tantos falam. É difícil quantificar. Mas, pelos efeitos, a gente tem plena certeza de que lá, na Acolhida, isso acontecia.

O senhor teve experiência no DPKO e no Sudão. Como avalia que essa experiência pregressa influenciou a sua ação na Acolhida?

O principal aspecto, que eu só fui compreender nos últimos quatro meses de missão, quando tive contato com as agências da ONU, foi compreender o tipo de ambiente em que cada agência trabalha. Pude perceber a importância de as agências serem independentes. A independência das agências da ONU é fundamental para que problemas tão complexos possam ser adequadamente endereçados. Então, em se falando em gênero, a gente fala no UNFPA; em se falando em promoção dos direitos e do empoderamento das mulheres, é a UN Women, não tem como, é a ONU Mulheres; se falou em migração, nós falamos em OIM; se falou em migração forçada, nós falamos em Acnur; se falou em direitos humanos, falamos do Alto Comissariado da ONU [para os Direitos Humanos]. E assim por diante. Se eu não tivesse passado pelo Sudão, ter sido chefe do Estado-Maior da Acolhida teria sido uma missão diferente. Talvez eu não conseguisse perceber que nós estamos em uma operação humanitária, mas que ela é, também, regulada por...

Nós temos doutrina, mas as agências estão no ambiente ONU. A única diferença, nesse caso, é que não há uma guerra acontecendo. A gente tem os efeitos da guerra. Eu sempre falava: "Ó, pessoal, não está tendo tiro, mas tem gente sangrando, tem gente com fome". Você ver uma criança de seis anos olhar para aquela marmita que lhe é fornecida e você olhar nos olhos dela e saber que ela não tem certeza se vai comer de novo... É típico da criança. Ela observa. O pai vai para o trabalho, ela não tem certeza de que ele vai voltar. E assim por diante. Eu sou muito grato pela oportunidade, lá atrás, uma decisão de fazer uma aplicação, mas eu não imaginava que teria esse efeito depois.

O que a Operação Acolhida significa, em termos de experiência, para os militares que estão passando pelos contingentes?
Acostumados já estávamos, especialmente em trabalhar em catástrofes naturais, em outros tipos de operação em que é necessário um elevado grau de organização, de centralização do planejamento e descentralização das tarefas. A Operação Acolhida, acho que é um marco mesmo. Lembrando: não temos só militares do Exército. A maioria, realmente, é do Exército, mas temos também militares da Marinha e da FAB participando. O nível de sucesso que se obteve está conectado, sem dúvida nenhuma, a um trabalho de equipe pra valer. Então, o Exército está tendo uma oportunidade, ainda, de se inserir num ambiente... Ou seja, desde os coronéis até os soldados, eles estão aprendendo que, numa crise humanitária, ela nem sempre é consequência de um evento militar, de uma guerra. Toda guerra vai causar um evento humanitário. Foi isso que eu quis dizer. Lá, não é o caso. E nós, também, aproveitamos a oportunidade para, simplesmente, nos desconectarmos um pouco do componente que causa a crise humanitária, no caso da Venezuela. Não cabia a nós. Então, as nossas tarefas, bem voltadas, às vezes, no nível tático, prático mesmo, tenho certeza de que elas impactam muito a vida de qualquer militar que tem essa oportunidade.

Eu servi 17 anos na Amazônia, participei de dezenas de operações em faixa de fronteira, contra todo tipo de ilícito, em todo tipo de ambiente, sob riscos etc. Mas a experiência mais pujante na minha carreira, não tem dúvida nenhuma, foram os cinco meses na Operação Acolhida. Ela, inclusive, sobrepuja o ano que eu passei no Sudão, pela empatia... São camaradas latinos, da América Latina, são pessoas que estão... Quando a gente vai para a África, a nossa empatia é pela humanidade; aqui também é pela humanidade, mas tem o componente local. São nossos vizinhos. Um país que na década de 1970 talvez fosse o quarto ou quinto país mais rico do mundo. Então a gente não se preocupava muito com o que causou, a gente se preocupava é com o imediato: a fome, o frio, a doença, a necessidade, às vezes, de ouvir, conversar. Isso eu sempre procurei incentivar nos militares do contingente. Lá atrás, no Sudão, quando eu tive a chance, eu fiz isso. Ia às reuniões, conversava, tenho amigos até hoje. O atual chefe do Estado-Maior da operação no Iraque, a Unami, uma missão política, era um *sector administrative officer* em Kadugli, onde trabalhei. Então ele era um P4, na carreira da ONU. Hoje ele é um D2. Até hoje eu converso com ele. Um holandês. Então, o ambiente é propício para você se conectar. O mundo, hoje, é assim. Ele precisa ser assim.

E como era, no seu período, o relacionamento com a administração e com o poder político local? Num período anterior houve algumas situações mais difíceis de lidar, por conta de críticas, de que os refugiados estavam saturando o sistema de saúde, de que tinham privilégios.

Com o fechamento da fronteira, o fluxo, ou seja, aquela fila constante, esse aspecto diminuiu um pouco. Tanto que, durante o meu contingente, das 11 ocupações espontâneas, foram desativadas cinco. Uma por mês. A desativação, sendo bem entendida, era o oferecimento de oportunidade às pessoas que não queriam ficar nos abrigos. Então, ao desativar uma ocupação espontânea, a pessoa podia ser interiorizada, podia ir para um abrigo ou podia optar até mesmo por ir para outra ocupação espontânea. Mas, normalmente, como eram prédios públicos... As ocupações de espaços particulares foram deixadas para o final. Mas os prédios públicos foram alvo de ações de reintegração de posse, que eram precedidas de intensa negociação. Tanto que no dia da desocupação ninguém foi removido. A gente chegava lá, invariavelmente, as cinco vezes, todos já tinham saído. Então esse aspecto de xenofobia mesmo, para usar a palavra mais adequada, foi bastante intenso antes. Os primeiros imigrantes chegaram ali algo em torno de 2016; talvez até antes a gente encontre algum. Eu conversei com um indígena warao, ele me disse que a primeira... Claro que eu não tive como checar, mas disse que os primeiros warao entraram no Brasil no final de 2013.

Eu vivi uma situação bastante reduzida, em termos de eventos e situações em que a gente teve que atuar, sobre esse aspecto. O que nós vivemos, e a conexão com o componente político local, teve muito mais a ver com ações de combate à pandemia. Então, à medida que a área de proteção e cuidados ia sendo planejada, concebida, e ficando muito claro que não poderia ser uma ação exclusiva da Operação Acolhida... Observemos: como eu ia montar um hospital de campanha que atendesse só venezuelanos, com brasileiros e indígenas igualmente tão necessitados, em se tratando da pandemia do coronavírus? Essa incógnita foi resolvida logo no início de março pelo general Barros. Então, internamente, ele já dizia que em algum momento o nosso hospital de campanha ou a área de proteção e cuidados teria que atender também brasileiros. E aí ele começou a costurar uma rede de parceiros, que envolvia não só o poder político, mas também empresários e entidades pujantes no cenário nacional. O Hospital Albert Einstein e o Sírio-Libanês foram parceiros fundamentais para o funcionamento. Do ambiente empresarial, a Samel, de Manaus, também entrou como parceira, fornecendo médicos, fisioterapeutas e equipamentos — aquelas cápsulas de ventilação não invasiva; e os médicos que iriam compor o quadro da área de cuidados. Como é que ia ser a escala desses médicos, de que forma isso ia ser conduzido? Foram assinados, portanto, termos de cooperação com a Universidade Federal de Roraima, com o governo do estado e com a prefeitura municipal. Cada um ficava responsável por algum aspecto da área de proteção e cuidados. Em termos de contratos, eram mais de 20 contratos diferentes. Basicamente, foi construído um hospital do nada. Um terreno empoeirado virou um hospital para 782 leitos.

Então, a relação com o poder político local ficava a cargo única e exclusivamente do general Barros. Ele, coordenador operacional, missão dada e conectada com a Casa Civil, deixava isso bem claro para o contingente militar: "Quem cuida da parte política aqui sou eu. Vocês são força-tarefa logística humanitária". No período em que eu substituí o coronel Kanaan, de maio a julho, quando chegou o coronel Alei,[15] aí, sim, eu recebi missões do general, de nível político, mas, naquela ocasião, a maioria delas era conectada exclusivamente à ativação do hospital de campanha. Na verdade, o general até não gostava de usar a expressão "hospital de campanha", é área de proteção e cuidados. Ficou pronta na primeira semana de maio. O mês de maio, em Roraima, foi o mês da subida da curva, e o pico da pandemia foi em junho e julho, mais ou menos, antes de cair. E esses contatos com o poder político local precisavam ser nesse sentido.

Lembram do centro de gravidade, que eu citei? O centro de gravidade da crise humanitária sofreu... O trabalho não foi facilitado, com o fechamento da fronteira. Os três pilares continuaram: as pessoas nos abrigos precisavam comer, a interiorização não podia parar e a meta de 3 mil interiorizados foi reduzida para mil interiorizados por mês; o ordenamento da fronteira continuou existindo, na medida em que, por exemplo, começamos a perceber que foram sendo formadas ocupações espontâneas em Pacaraima. Tanto que a atuação do 9º Contingente foi bastante focada em Pacaraima. Como a cidade é localizada numa reserva indígena, o potencial para tensões entre os venezuelanos e os indígenas da fronteira era imenso. Então o 9º Contingente estava com essa missão a mais de atuar ali, sobre as ocupações espontâneas de Pacaraima. A relação com o poder político local era por demanda,

15 Coronel Alei Salim Magluf Junior, designado em julho de 2020 para a função de coordenador operacional adjunto da Força-Tarefa Logística Humanitária.

a cargo do general Barros, e bastante próxima, no sentido de procurar dividir essa responsabilidade no combate à pandemia. Porque uma explosão de casos entre os refugiados, sem dúvida nenhuma, ia ter um impacto muito grande sobre a operação como um todo. Agora estamos com 5 mil casos entre os venezuelanos. Quando eu passei a função, em 31 de agosto, nós estávamos com 108 casos entre os venezuelanos e com oito óbitos. Quando eu recebi do Cinelli, eram 12 mil pessoas acolhidas, quando passei a função eram 7 mil. Quer dizer, interiorizamos 5 mil venezuelanos ao longo dos cinco meses de trabalho. O 8º Contingente foi para ficar quatro meses, mas teve uma extensão de 30 dias, justamente para evitar que o 9º chegasse no pico da pandemia.

No meu contingente, nós tínhamos certeza, por testagem, que tivemos 114 casos de Covid, entre os 594 do contingente. Por isso que eu sempre comento que o 8º Contingente é como se fosse um microcosmo, que pode vir a ser aproveitado em pesquisas futuras, porque nós vivemos o início, o *surge*, o grande número de casos, vivemos o patamar, vivemos o decréscimo, e não vivemos a segunda onda. E num universo grande, como os venezuelanos — eram 12 mil, e no final com 7 mil, por causa dos 5 mil interiorizados —, a gente ter só 108 casos e oito óbitos é algo surpreendente. E lá nós tínhamos pessoas com saúde debilitada. Então os oito óbitos eram com comorbidades graves, mas havia outros, também, com comorbidades. Ou seja, o controle da contaminação é possível, sem dúvida nenhuma. Mas, por que eu falei que é um microcosmo? Porque como as pessoas não têm casas, não têm para onde retornar; quando a gente isolava o grupo familiar, ele ficava 14 dias. E não tinha alguém com uma arma apontada, nada disso. Era essa consciência da dificuldade. O sofrimento que une, como a gente chama. As famílias reclamavam. A gente tinha visita com psicólogos, tanto do Exército quanto das agências, da ONG, para conversar, explicar a necessidade. Até com indígenas a gente conseguiu isolar grupo familiar.

O senhor acha que essa capacidade de manter um isolamento real, efetivo, foi chave para que tivesse tão poucos casos?

Não tenho dúvida nenhuma. Isso está escrito nos protocolos. O isolamento, sem dúvida nenhuma, permite o controle sobre a contaminação. Senão a gente não teria esse dado que eu disse. A diferença deles para nós é que durante aquela fase em que todos estavam com muito mais medo que hoje... Isso é fato. O medo existia, ele era mortal mesmo, perpassava... Hoje existem pessoas que não têm mais tanto medo, senão não estariam ocorrendo festas clandestinas e tudo mais. Eles não. Iam para lá e ficavam, pela consciência coletiva e porque tudo era provido ali: a alimentação, o descanso, o abrigo, o apoio médico, saúde mental. Então, no final das contas, com 108 casos nesse universo, foi um efetivo muito reduzido. Entre o contingente militar, todos nós fomos testados. E chegou-se a um número de 339 positivos. Ou seja, nós tínhamos três vezes mais assintomáticos. Quando a curva subiu na Acolhida, que foi no mês de abril, pegou o general Barros, o Kanaan, me pegou; eu fui evacuado para Manaus, fiquei seis dias no hospital militar de Manaus. Não parava a febre. Eu não sabia se eu ia melhorar ou se ia piorar. Foram preparados três cenários epidemiológicos. O general descartou o pior deles e ficou com o intermediário. Por isso que ele decidiu por um hospital de campanha com 782 leitos. Foi com base em cenários levantados em fevereiro para março, antes do primeiro caso em Roraima. Quando a área de cuidados começou a receber não só venezuelanos, mas também a população local, mesmo dos pacientes que eram intubados, o índice de recuperação passou de 75%. É semelhante ao do Hospital das Forças Armadas aqui de Brasília. Isso era fruto, primeiro, do tratamento humanizado. A ventilação não invasiva, a gente via nitidamente que era uma alternativa à intubação, desde que fosse plotado no começo. Então, todos esses protocolos que permitiam que os sintomas fossem plotados muito cedo acabaram dando resultado. Eu soube no segundo dia. Porque, pelo protocolo, assim que eu senti algo diferente, eu me apresentei e fui testado de imediato. Saiu o resultado no dia seguinte. Aí eu pude começar a ser tratado de acordo com os sintomas que tive.

O senhor descreveu a importância do trabalho dentro dos abrigos e de como ali se construíram mecanismos de relação entre o Exército, as ONGs, as OIs e as lideranças que surgiam na comunidade dos refugiados. Imagino que uma das prioridades para alguém na sua função seja, também, ficar informado do que está acontecendo na comunidade dos refugiados: o que eles estão falando, potenciais focos de conflito e tensão social. Quais eram os mecanismos que a Acolhida tinha de ouvir, de entender o que estava se passando na comunidade dos refugiados?

Na esmagadora maioria das vezes, isso sempre foi espontâneo. A esmagadora maioria dos que vieram e continuam vindo são de pessoas de bem, para as quais, simplesmente, acabaram as opções. Raramente a gente encontrava uma pessoa que saiu da Venezuela exclusivamente por uma situação política. Houve vários militares que, por isso, desertaram e se apresentaram na fronteira, mas eles não se tornam refugiados, eles entram numa outra cadeia.

Os abrigos eram organizados e tinham suas vocações também. A gente tinha, por exemplo, abrigo para onde ia a maior parte do público LGBT. A razão era bem simples. Não era porque não se queria misturar. As ações, para que as ONGs que davam atenção, como elas iam diluir os orçamentos, que já são muito reduzidos, em vários locais? Então, era melhor ter ações direcionadas para um determinado abrigo. As pessoas com deficiência ficavam em dois... A maior parte, claro. Não se separavam famílias por causa disso, mas a maior parte das pessoas ficava em outros dois abrigos. As famílias com crianças. A diferença de uma família com criança e de um casal sem filhos é grande. Então, não havia abrigos específicos, mas os abrigos com as famílias constituídas, de qualquer gênero, também eram setorizados. As informações que fluíam, vinham, considero, com naturalidade, porque a maioria das pessoas era de bem. Então, quando alguém vinha oferecendo drogas, ou quando uma determinada família percebia que aquela jovenzinha ali, de seus 14, 15 anos, já se aproximando de se tornar mulher, estava sendo alvo de assédio, traziam a informação, ou para o coordenador humanitário ou para o coordenador militar. Esses coordenadores, com as suas equipes, conviviam desde as seis da manhã, no café, até as 10 da noite, na ceia. No caso dos militares, eram três, apenas, em cada abrigo, só uns dois abrigos maiores que tinham quatro; não tinha muito rodízio, todo dia o militar estava lá. E quando era necessário pernoitar, eles pernoitavam.

Eu peguei uma fase da Acolhida em que já havia contratos de empresa de segurança, então a empresa de segurança controlava a entrada, com um cartão ou sistema digital, ou com uma lista. Uma pessoa que não estava cadastrada no abrigo não podia entrar. Quem está cadastrado pode sair à vontade; quem não está pode visitar: vai para um local separado, explica o motivo, chama o coordenador militar, por causa daquele olho clínico. O que é que essa pessoa está fazendo aqui? Sentava ali, começava a conversar. Plotamos gente querendo formar rede de tráfico de drogas e tráfico de crianças. Em conjunto com a equipe humanitária, dentro de abrigo, desbaratamos redes que estavam efetivamente formadas. A rede existia, mas não tinha conseguido ainda efetivar o tráfico. O único componente militar que andava armado era um pelotão, de 37 homens, da Polícia do Exército. Usamos raramente, muito raramente. Mas ele está ali, justamente para isso. Se precisar fazer uma ação de força atrás de um bandido, uma pessoa que esteja causando ameaça, a gente tinha militares especializados. Na estrutura do Estado-Maior, a célula D2 — inteligência — não é a atividade de inteligência clássica, de busca; ela é uma atividade de inteligência clássica de coleta, então é muito mais contrainteligência do que inteligência. E não é, também, papel do componente militar, numa operação humanitária, buscar dados. Esse papel é exercido pela Brigada de Infantaria de Selva que lá está. Ela, sim, tem encargos de inteligência. Por isso que a brigada operava, em relação à segurança da fronteira, com uma operação específica e a Acolhida, exclusivamente na operação militar. A gente não levou equipamento, armamento, nada disso. Só o pelotão da PE.

O senhor poderia falar mais sobre o terceiro pilar, sobre sua experiência com a interiorização?

A interiorização foi visualizada, ainda em 2018, como uma solução para o afluxo de pessoas, em um estado que, simplesmente, não tem condições. A economia não absorve, de forma alguma. O estado de Roraima deve estar chegando aí nos 600 mil habitantes. Boa Vista é uma cidade que não tem nem 400 mil. Posso estar errado num detalhe ou outro, mas eu fui oficial de operações da brigada, de 2009 a 2011, então conheço bem a região. E quando a interiorização foi concebida, a ideia era que ficassem bem definidos, com base no *status* pedido pela pessoa que atravessou a fronteira. Há pessoas que chegam e dizem: "Eu quero o *status* de refugiado, eu nunca mais quero voltar para a Venezuela. A minha pátria agora é o Brasil". Assim como tem pessoas que diziam: "Eu quero residência temporária, porque a minha intenção é, um dia, voltar para a Venezuela".

A interiorização é missão da célula D12, a célula da interiorização. Na gestão do general Barros, exatamente quando nós estávamos lá, no 8º Contingente, foi criado o CCI, o Centro de Coordenação da Interiorização. Antes, as ações ficavam, digamos... Vou dar um exemplo. Podia não estar havendo aquela sinergia. O senhor Carlos Wizard, por exemplo, foi um ator excepcional. Ele empregou recursos pessoais, fretava aviões, alugava ônibus no local de destino, levava venezuelanos até um local onde havia uma oferta de emprego ou havia pessoas, venezuelanos também, que aceitariam acolher uma família.

Então, o Centro de Coordenação da Interiorização foi uma reorganização, ordenada pelo general Barros, que, basicamente, encaminhava as pessoas para quatro situações diferentes: (1) vaga de emprego sinalizada; (2) reunião familiar; (3) acolhimento social; e (4) outro abrigo. Esta quarta seria a pior; ir de um abrigo para outro, no interior do Brasil, é justamente porque não se tem nenhuma das três opções. Dentro do CCI, a gente tinha a célula, por exemplo, que cuidava da vaga de emprego sinalizada, basicamente composta por militares que passavam cinco meses no meu contingente, pendurados num telefone, telefonando para associações comerciais, para associações de indústrias, para empresários locais, para qualquer tipo de agência, qualquer tipo de ONG que promova o emprego.

Durante a gestão do 8º Contingente, eu queria reforçar duas situações que a gente buscou incentivar e implementou. Ações práticas. As pessoas com deficiência e a comunidade LGBTQ. As pessoas com deficiência, quando é que me chamaram a atenção? No reconhecimento, eu fui a um abrigo e tinha um senhor de uns 50 anos numa cadeira de rodas, não tinha uma das pernas, e perguntei a ele: "O que o senhor fazia na Venezuela?". Ele: "Eu era vigilante". Qual é o problema, ser cadeirante e ser vigilante? Não tem problema nenhum. Se ele for para uma empresa de valores, vai ser difícil, como cadeirante, viajar num carro-forte, ter que, eventualmente, responder a uma ameaça. Mas vigiar uma empresa, um apartamento? Aí, quando fui visitar o abrigo onde estavam concentrados, especialmente, os adolescentes LGBTQ, conversando com naturalidade: "O que você fazia na Venezuela?". "Eu era manicure." "Eu era artista. Eu gosto de pintar, muito." E não tinha uma folha de papel, não tinha um... Então, essas duas categorias me chamaram a atenção; quando eu fui ao CCI, perguntei: "Quantas pessoas com deficiência nós interiorizamos? Quantas pessoas da comunidade LGBTQ nós interiorizamos?". Era pontual, eram poucas. Isso não tinha nada a ver com preconceito, não. Era só aquela ação de... como é que você se conecta com os dois universos? A melhor pessoa para se conectar, na minha visão, posso estar errado, é uma pessoa que entenda e viva aquilo. Então nós trouxemos pessoas com deficiência e trouxemos, também, pessoas da comunidade LGBTQ para dentro do CCI. Para quem essas pessoas ligavam? Para as associações municipais, ONGs etc. das suas respectivas comunidades. Porque é assim: as minorias se organizam para poder se defender. Então, quem melhor para identificar oportunidade de emprego, para uma pessoa com deficiência, do que as suas próprias associações? Então isso gerou algo, que eu acredito que nos 9º e 10º Contingentes esses frutos começam a ser colhidos.

É muito triste falar isso, mas, infelizmente, parece que essas pessoas não têm valor, de onde elas vieram. Pessoas soropositivas têm vergonha de falar. E por que elas voltaram para o Brasil? Porque pararam de fornecer o coquetel, que elas necessitam para sobreviver. Então a gente se compadecia muito disso. Muito mesmo. Porque é, digamos, o fundo do poço da crise humanitária. Uma vida humana ser tão desconsiderada, a ponto de o básico que ela tem para sobreviver... Não estou falando de comida, não, mas de remédio. Não precisa morrer porque ela contraiu Aids. Não precisa mais. Então, porque a situação ia piorando cada vez mais, a interiorização deles passou a ser muito importante. E olha as nossas leis. Se eu fosse empresário, para ter isenção e ter descontos lá nos impostos... 15% de pessoas com deficiência. Aí, à medida que esses empregos foram sendo buscados, pessoas, nesses dois universos, foram sendo interiorizadas.

Desculpa ter falado tanto tempo sobre esses dois grupos. É muito fácil você pegar um pedreiro ou um motorista de caminhão... Porque a Venezuela é parecida com o Brasil: ela não tem matriz ferroviária, muito menos matriz hidroviária, que a gente ainda tem alguma coisa. É tudo caminhão. Então a gente teve interiorizações maciças para empresas que decidiram contratar motoristas categoria D. O Centro de Coordenação, mediante... não são convênios, são cooperações com empresas locais, a gente providenciava a equiparação da carteira. Então, a autoescola não cobrava nada da operação e nem deles, e havia o reconhecimento da carteira venezuelana. Eles usavam a carteira internacional. E as ONGs financiavam o pagamento da taxa do governo, porque disso o governo não abre mão. Aí, uma empresa de caminhões muito grande, no interior do Paraná, recebeu 30 motoristas, de uma vez só.

Eu me lembro bem de um casal LGBT, bem jovem até — um analista de sistemas e uma manicure. Os dois viviam juntos, trabalhavam ali juntos. O analista de sistemas foi para o Ceará, para uma empresa. Ele, de cara, foi com um salário de R$ 8 mil; e o companheiro dele, que trabalha como manicure, começou a trabalhar, montou um salão. Daqui a pouco eles telefonaram para o CCI, falaram: “Olha, a gente queria receber alguma família LGBT aqui, na nossa casa, porque agora a gente já tem uma casa". O círculo virtuoso ocorre por causa da tragédia humanitária. Então um dos papéis da equipe humanitária é identificar exatamente esse potencial, para que ele vire um *looping*; e, enquanto dura a crise, você tem gente naquelas categorias sendo interiorizadas, mesmo que seja para reunião familiar.

O impacto da pandemia sobre a interiorização não foi só sobre a meta. A gente teve momentos em que municípios, por causa das restrições de circulação, se fecharam a receber. O que, em última análise, não tem nada a ver, porque durante a pandemia, para uma família ser interiorizada, ela ia para a área de proteção e ficava isolada 14 dias. A família era toda testada. Naquela ocasião, a gente não tinha, ainda, testes para testagem em massa. Então, à medida que essas oportunidades surgiam, as famílias... Tinha um protocolo rígido que era seguido, e que, se era quebrado, a gente não interiorizava. Um exemplo que eu presenciei. Uma família estava pronta para ser interiorizada, tinha uma adolescente nessa família. Aí, alguns dias antes, por causa das informações — que fluem com naturalidade, ninguém buscou —, avisaram à coordenadora humanitária do abrigo que aquela adolescente tinha saído e ido para uma festa clandestina. Resultado: testamos, na véspera do embarque, e ela testou positivo. A interiorização dela teve que esperar, porque um dos protocolos era o isolamento social do grupo familiar inteiro, não importa a composição. Se forem 10 pessoas, as 10 pessoas iam para a área de proteção. A área de proteção foi dimensionada para mil pessoas. E nós nunca ocupamos a área de proteção com esse efetivo todo. Mas, efetivamente, essa tática teve sucesso. Até eu sair da missão, a gente teve só dois casos de pessoas que, ao serem interiorizadas e testadas no local, testaram positivo. Justamente porque, quando nós testamos e isolamos, acabou acontecendo de a janela imunológica não ser... ela não é igual para cada pessoa. Naquela ocasião, ninguém sabia disso. Hoje a gente sabe. Eu posso contrair Covid e piorar só no 20º dia. Não tenho garantia de estar curado mais no 14º. Como eu fiquei. No 15º dia eu estava trabalhando na Acolhida mesmo. Fui um dos primeiros lá a contrair.

Essa é uma missão que tem características que agregam muito valor, mas não é uma missão tradicional de Forças Armadas. Mas, também, como o senhor falou, faz parte da realidade de um exército moderno fazer esse tipo de missão de ajuda humanitária. Com a sua experiência na Acolhida, com toda a experiência pregressa que o senhor teve no Sudão, no DPKO, o que o senhor acha que seria importante o Exército incorporar na formação dos militares da próxima geração, que está saindo das escolas militares, para eles operarem com destreza nesse tipo de situação?

Na verdade, já faz algum tempo, desde quando o Exército começou a ser empregado com mais intensidade em ações subsidiárias. A minha geração mesmo, de oficiais — eu sou de 1991, mas entrei no Exército, na EsPCEx, em 1985 —, nós vivemos muito isso. Eu já participei de operações contra a dengue, vacinação de cães em Belo Horizonte, por causa de surto de *leishmaniose*, catástrofes de inundações e tudo o mais. Então hoje, na doutrina militar, já é um tipo de operação que faz parte dos currículos. Não fazia quando eu fui formado. A gente aprendeu trocando a roda do carro com o carro em movimento. As gerações atuais já têm não só carga horária, como exercício, também, de treinamento. E nos programas-padrão de adestramento das tropas a gente tem adestramento em operações interagências, operações de apoio à defesa civil e as operações de garantia da lei e da ordem, que não são só choque. Uma operação típica foi a intervenção no Rio de Janeiro. Não houve só ações de choque. Houve ações educativas. Há ações cívico-sociais, como nós chamamos, de apoio médico, dentário, à população. Eu comandei um batalhão de Infantaria de Selva em Tefé, no Amazonas. Agora mesmo está tendo enchente. A gente não vai nem armado. A gente estabelece a segurança afastada, externa, quem desce tem que estar desarmado, com o uniforme ali, para carregar móvel das pessoas, para carregar pessoas que não conseguem se locomover; a gente vê em comunidades ribeirinhas e outras que não têm acessibilidade nenhuma... Como é que um cadeirante desce até a beira do rio? Quando ele tem que ser retirado de lá, alguém tem que colocar ele nas costas. Então essa “virada no disjuntor”, hoje em dia, é muito mais facilitada do que no passado de, talvez, uns 20, 30 anos atrás.

Hoje está ocorrendo a substituição do 11º para o 12º Contingente. Um aspecto que eu não me lembrei de mencionar é que a presença desse componente militar, a Força-Tarefa Logística Humanitária, talvez hoje não seja mais tão necessária com um componente militar tão pujante, porque os processos estão bem definidos, o fluxo está bem organizado. Quando a gente vai lá em Pacaraima, a gente vê a Defensoria Pública da União cuidando de todos os casos em que haja ameaça a uma minoria, ou então, onde recebem crianças desacompanhadas temos uma atuação pujante do Ministério da Justiça com a Polícia Federal. Teve 11 ministérios envolvidos com a Operação Acolhida. Pelos processos estarem muito bem organizados, o componente militar talvez possa ser reduzido. O general Barros mencionou um plano que ele precisava implementar, por ter recebido essa missão. O Estado brasileiro tem que ser capaz, empregando seus meios disponíveis, de endereçar uma crise humanitária que não é advinda de uma guerra. A estrutura de poder do país, seus ministérios e tudo mais, tem plena capacidade. O abrigamento mesmo: o plano seria o Acnur assumir todos os abrigos, e não haver mais a figura do coordenador militar. Mas isso, eu não acompanhei a implementação, eu não tenho como afirmar.

Por favor, escrevam aí que a principal característica do 8º Contingente foi que a crise dentro da crise produziu uma união sem precedentes. Nós não nos conhecíamos, exceto quem servia no mesmo local. Dos 594 eu conhecia uns 30. O resto era de nome, ou que tinha encontrado há muito tempo. Uma boa crise é aquela em que o militar se sente desafiado. Uma boa liderança, do general Barros especialmente, a sinergia com esses mais de 120 parceiros e também dos 11 ministérios, todos os pilares da Operação Acolhida, foi isso que permitiu que, pelo menos naquela ocasião, e até onde eu sei, nunca tenha ocorrido essa explosão de casos entre a população beneficiária. Tudo isso é fruto de trabalho intenso de equipe.

Coronel Carlos Alexandre de Souza

O coronel Carlos Alexandre de Souza foi chefe do Estado-Maior do 9º Contingente da Força-Tarefa Logística Humanitária para o Estado de Roraima. Formado pela Aman em 1993, conclui os cursos da EsAO em 2001, o da Eceme em 2010 e o do CPAEx em 2019.

Entrevista realizada em 17 de junho de 2021.

Como aconteceu sua designação para ir para Roraima?
Eu estava na função de chefe do Estado-Maior da 9ª Região Militar, em Campo Grande (Mato Grosso do Sul). O contingente militar da Operação Acolhida é composto em forma de rodízio. Cada comando militar de área cumpre a missão lá em determinado período de tempo e passa a missão para outro contingente, que, via de regra, é montado em outro comando. O 9º Contingente estava sob a responsabilidade do Comando Militar do Oeste, sediado em Campo Grande, e do Comando Militar do Planalto, sediado em Brasília. Inicialmente, pergunta-se sobre voluntários para participar da operação: oficiais, sargentos, cabos e soldados. Esses voluntários, uma vez apontados, são distribuídos de acordo com o nosso quadro de cargos previstos para a operação. No meu caso, especificamente, foi porque eu estava nomeado na função de chefe do Estado-Maior. Eu não fui voluntário para a operação, mas designado como chefe do Estado-Maior Conjunto da Operação Acolhida, independentemente de ter sido voluntário. É uma situação que não chega a ser corriqueira, mas que não é fora da nossa dinâmica como militares. Mas o normal é pedirem voluntários; em não havendo a quantidade de voluntários suficiente para montar o contingente, aí busca-se designar, conforme a exigência do cargo, em termos de posto, de graduação ou de alguma especificidade de experiência profissional.

O senhor pôde fazer escolha de militares que queria levar? Houve algum critério da sua parte?
Tendo em vista que o efetivo era em torno de 600 militares, não tem como... O que há, sim — e isso foi uma das coisas com as quais eu me preocupei muito —, é com a especificidade dos cargos previstos. O importante era que tivesse a especificidade daquele cargo atendida pelo militar que estava sendo convocado. Tivemos algumas informações que contraindicavam o militar, seja por alguma questão social ou familiar; alguns militares que, inclusive, eram voluntários, mas que, nesse processo de preparação, apresentavam situações familiares que pouco o indicavam a permanecer na operação. Então, aconteceram

esses ajustes pontuais, em torno de necessidades muito específicas, mas me atrevo a dizer que não chega a 5% do efetivo. A habilitação requerida para o cargo é que dita quem vai para a operação.

O senhor já tinha visitado a Acolhida, antes de ser designado?
Não. Eu tinha conhecimento por relatórios, por montagem de outros contingentes, mas nunca estivera lá. Por ser oficial de Cavalaria, tive oportunidade de estar em outros lugares — eventualmente, até fora do país —, mas na Região Norte e na Região Amazônica especificamente, eu não tinha nenhuma experiência profissional.

O senhor chega já durante a pandemia do coronavírus. Lembra do dia que chegou a Roraima?
Lembro. Na fase de preparação do contingente, nós estivemos uma semana lá, no final do mês de junho, como reconhecimento. Não todos, mas alguns integrantes do Estado-Maior, os que nós chamamos de mais antigos, que são os de maior posto, aqueles que iriam desempenhar as funções no Estado-Maior Conjunto. Estivemos lá por uma semana e, depois disso, regressamos às nossas sedes respectivas. No dia 15 de agosto de 2020 é que o Estado-Maior se deslocou para Boa Vista, já para receber a missão e iniciar o processo de transição, que leva duas semanas.

Como foi a preparação desse contingente?
Vou dividir a preparação em alguns tópicos. Vamos começar pela preparação individual. A própria seleção de pessoal e o apontar-se como voluntário ou ser designado para a operação já está no contexto de preparação do contingente. Depois disso, a preparação individual passa por preparar a família para o afastamento — nós saímos para ficar cinco meses fora —, pelas medidas administrativas cabíveis dentro da família. Há a preparação, também, na função que cada um desempenha na sua organização militar, de deixar as coisas arrumadas, o que nós chamamos de "passar a função", para se desligar da sua organização militar de origem.

Em paralelo a isso tudo, há a preparação especificamente do contingente. A célula de operações dos dois comandos militares de área forneceu para cada uma das organizações militares um quadro de atividades de preparação, de instruções preparatórias. Esse quadro foi cumprido em três fases: uma fase na OM sede de cada militar. Cada comandante de organização militar que tinha designados para a operação recebeu uma série de documentos, de instruções preparatórias; algumas coisas apenas a nível de conhecimento individual, de estudo particular, e algumas coisas como instruções a serem ministradas. Na segunda fase da operação, o contingente foi reunido: todos os integrantes do Comando Militar do Oeste, na cidade de Campo Grande, e todos os integrantes do Comando Militar do Planalto, em Brasília. Aí houve uma segunda semana de preparação, já com instruções mais específicas, em que todos os integrantes estavam centralizados: 60% em Campo Grande e 40% em Brasília. E há uma terceira fase da preparação: uma vez chegando em Boa Vista, todos os integrantes do contingente passavam por duas "jornadas", como nós chamamos, dois dias de instruções mais específicas. Esta jornada específica era basicamente vocacionada para as instituições, para as ONGs que são parceiras da operação lá em Boa Vista.

Também posso citar alguns exemplos de instruções que foram ministradas para efeito de conhecimento geral. É como se fosse inserir todos os integrantes naquele ambiente operacional: saber quantos já tiveram aquela experiência, uma instrução sobre o levantamento estratégico de área, a própria caracterização daquela região da Amazônia, do estado de Roraima, inclusive já tratando do entendimento das causas e das consequências e da dinâmica daquele fluxo migratório que originou a crise, que teve como resposta o início da operação. E, também, um mínimo que fosse, de situar todos os integrantes em um pouco da história, da cultura, das características do povo venezuelano.

Houve uma parte das instruções vocacionada para voltar àquilo que são os fundamentos, os valores, a ética militar; basicamente, vocacionando essas instruções de valores e ética para aquela interação que era esperada, de nós, como Forças Armadas, com o venezuelano, vulnerabilizado pela própria situação migratória de necessidade. Principalmente, também, já inserir todos os militares num ambiente de respeito à diversidade, renovando, na verdade, coisas que são já passadas no dia a dia dos quartéis. Além disso, instruções de caráter prático; por exemplo, combate a incêndio. É uma preocupação grande. Então, todos passaram por instruções nesse sentido, de higiene, de primeiros socorros, de combate a incêndio. Também a parte de normas de segurança, de acantonamento da base.

Na preparação, também foi colocado um mínimo de conhecimento transversal de operações interagências, particularmente identificando características daquelas agências que são as mais costumeiras da operação: a OIM, o Acnur, o Unicef, o UNFPA e assim por diante. Na fase de instrução já pormenorizada, nas sedes dos comandos militares de área, tanto em Campo Grande como em Brasília, o pessoal do nosso Ccopab ministrou instruções específicas sobre o funcionamento de algumas instalações típicas da Operação Acolhida, como o funcionamento dos abrigos, dos postos de triagem, as áreas de recebimento de pessoal. Isso, em sistema de simulação: foram montadas áreas, tanto em Campo Grande como em Brasília — obviamente, não com a mesma dimensão —, mas tentando reproduzir, fazendo um ensaio daquilo que seria a realidade a ser vivenciada por cada um dos integrantes da operação. Nessa fase, ainda independente da função de cada um deles. Em termos de preparação, cabe destacar também que ela envolve a parte sanitária: avançamos com o calendário de vacinação próprio dos militares e todos passaram por inspeções de saúde, todos os militares iriam para lá com condições de saúde adequadas. E também a questão da Covid: todos os militares foram testados.

No início da Acolhida não havia, ainda, uma doutrina de como fazer. Havia experiências com Aciso, com GLO, com missões no exterior, mas a Acolhida era uma coisa diferente, embora tivesse, vamos dizer, um pouco disso tudo. Mas, pelo que o senhor descreveu, quando o senhor chega, já existe, se não uma doutrina, procedimentos bastante estabelecidos, não?
Positivo, embora a Operação Acolhida não tenha alguma situação que se possa chamar de análoga com a nossa doutrina. Nós temos TTP, como nós chamamos: técnicas, táticas e procedimentos, que são realizados por algumas tropas. Mas, em termos de Operação Acolhida, isso não havia. Isso foi sendo construído... Vamos chamar de essas TTP específicas da Operação Acolhida: elas estão sendo construídas ao longo do tempo e sofrem aperfeiçoamento constante na própria operação.

O Exército tem uma presença grande e uma capacidade logística que nenhuma outra organização tem no local. Porém, ele tem que se relacionar com Acnur, OIM, com várias ONGs, grupos religiosos de diferentes tipos... O coronel Cinelli nos disse que eram mais de 100, com as quais era preciso se coordenar. Não era uma postura de mandar. Como é essa interação na prática, com essa quantidade grande de outros agentes e atores?
Foi muito engrandecedor para mim. Eu gosto muito desse tipo de interação, como característica pessoal. Já tive oportunidade de servir fora do país, mas em missão de instrução. Nunca estive em operações, por exemplo, da ONU. Era uma expectativa grande que eu tinha, de como seria essa interação. Se eu tivesse que resumir o retrato que eu trago da interação com as agências, inclusive com o Acnur, que talvez seja a agência com a qual nós mais nos relacionamos, ou a OIM, eu diria que é um ambiente de muita franqueza, de cordialidade e de objetividade. Eu acredito que o tempo em que a operação está se mantendo já desfez, possivelmente, alguns estereótipos de ambas as partes que poderiam acontecer. De forma que, quando cheguei lá, recebi do coronel Roberto essa ideia, assimilei com muita tranquilidade, e no meu dia a dia pude perceber exatamente isso: um ambiente de franqueza, de objetividade e muita cordialidade. Foi uma situação muito engran-

decedora para mim. Gostei muito desse trabalho. Em termos gerais, o militar vivencia situações de mudança de função, de sede, de local, e nós somos muito práticos em saber entender aquilo que é missão e aquilo que deve ser feito.

Na função de chefe do Estado-Maior Conjunto, me cabia fazer com que essas interações ocorressem de uma maneira organizada, tranquila. Eu estava muito atento para buscar entender qual o tipo de especificidade de cada uma das organizações ali presentes; de entender que cada organização, seja ela uma ONG ou uma entidade governamental, tinha sua filosofia de trabalho, sua maneira de estruturar o trabalho: o Acnur vai pensar mais em refugiados; o Unicef vai pensar mais no viés da criança; e a OIM vai levar todos os seus esforços para que ocorra a interiorização. Cabia ali ao chefe do Estado-Maior Conjunto enxergar essas sobreposições, essas capacidades, e fazer com que isso tudo trabalhasse de maneira coordenada.

Para um militar, isso é muito comum. Nós temos um trabalho de Estado-Maior em vários níveis: para nível batalhão e regimento, que é um coronel que comanda; a nível brigada, comandado por um general; a nível região militar, por um coronel, como é o meu caso, ou então comando militar de área. Em cada um desses ambientes, há a fase de assessoramento, de conversa, de trabalho de Estado-Maior. Uma vez terminada a fase em que todos assessoram, segundo suas características, vem a fase decisória: cabe a alguém decidir e a alguém fazer cumprir. Na Operação Acolhida isso estava muito organizado, quando eu cheguei. Então, cada uma das entidades dava a sua contribuição; no caso de entender que as contribuições poderiam se sobrepor ou mesmo causar desajustes nesse sistema, a missão do chefe do Estado-Maior conjunto era fazer com que isso se organizasse e que todo esse conjunto gerasse uma sinergia, em prol do cumprimento da missão. Isso é um trabalho muito interessante. Eu herdei essa dinâmica já consolidada, e a minha atitude foi, dentro das minhas possibilidades e limitações, fazer com que ela continuasse. Não foi uma interação fácil o tempo todo, mas, com certeza, o tempo todo foi uma interação muito agradável. Mesmo em algumas divergências, que eram no sentido de fazer as coisas de maneira divergente, e não de fazer coisas divergentes. Então, foi muito engrandecedor para mim e eu tenho como uma sensação muito prazerosa, nesse sentido, a respeito da interação que tive com as entidades lá. Entendi, por exemplo, o Acnur como altamente estratificado — talvez uma organização que, embora não esteja fardada, mais se assemelhe às Forças Armadas —, com uma estratificação de níveis decisórios muito fácil de verificar. Mas a ideia que eu guardo é que todos estão lá realmente com um propósito definido, cabendo ao componente militar da operação mostrar como essa soma de capacidades interage, no sentido de cumprir aquilo que deve ser feito.

E com a população local de Roraima, tanto Boa Vista quanto Pacaraima, e com o poder político? Houve momentos em que o prefeito ou o governador ou a população estavam reclamando... Havia muito isso, no início: reclamações de que os refugiados estavam saturando, esgotando os poucos recursos de saúde, trazendo violência, esse tipo de coisa. Na sua época, como estava essa situação?
Para responder a essa pergunta, eu vou situá-la no cenário em que eu cheguei. Um cenário de Covid, com a área de proteção e cuidados já funcionando. Ou seja, as demandas na área da saúde estavam equilibradas, por conta da própria instalação que a Operação Acolhida se encarregou de montar, ainda no contingente anterior. Na minha função, tive pouquíssimo contato com o poder público. Eu tomava contato com as decisões na medida em que isso indicava algum tipo de preocupação atual ou futura referente à minha função, mas eu não tinha efetivamente contato de assessoramento ou mesmo decisório com o poder público. Isso ficava muito com o coordenador operacional e com o coordenador operacional adjunto.[16] Mas eu tinha, na minha

[16] General de divisão Antônio Manoel Barros e coronel de infantaria Georges Feres Kanaan, respectivamente.

função, e com uma dinâmica muito rotineira, a percepção da opinião pública referente ao andamento da operação.

Eu digo que era um equilíbrio muito instável que estava instalado lá. A crise da Covid se sobrepôs a uma crise que já existia, que era a crise humanitária. A fase de esgotamento de recursos de saúde do estado e do município — talvez não esgotamento, mas estrangulamento desses recursos, por conta da presença dos venezuelanos —, essa fase, quando eu cheguei, já estava equilibrada, por conta das instalações que a própria Operação Acolhida colocou no terreno, no que diz respeito ao abrigamento, ou seja, ter os venezuelanos convenientemente abrigados, uma rotina de alimentação... Aquelas necessidades básicas estando sendo atendidas, a população local deixa de sofrer aquilo que seria o esgotamento desse tipo de recurso. Então, os dados que ainda existiam de ilícitos cometidos por venezuelanos estavam bastante reduzidos, de tal forma que, enquanto estive lá, a opinião pública em nenhum momento se colocou contra a presença dos venezuelanos. Mas isso era um equilíbrio muito instável. Porque, no momento em que as situações referentes à lotação de leitos de hospitais, de esgotamento de recursos, o fluxo de alimentação, de abrigamento fosse interrompido, certamente esse equilíbrio seria desfeito, e a consequência imediata é a aversão da população local à presença dos venezuelanos.

Essa área de proteção e cuidados ainda está funcionando?

Ela foi desativada. São contratos licitatórios de aluguel de toda a estrutura, e aquilo, não sendo mais utilizado, deveria ser desativado por completo, inclusive desmontado, fisicamente falando. O governo do estado de Roraima manifestou a intenção de receber aquela estrutura montada e inclusive dar continuidade aos contratos, de maneira que aquilo passasse a ser um hospital de referência, até por conta de uma reforma estrutural que é necessária no hospital regional de Boa Vista. Quando eu saí de lá, essas eram as tratativas, não sei em que pé estão.

Algum abrigo foi desfeito, ou ainda são 13?
Os nomes, eu não vou lembrar exatamente, mas quatro abrigos foram desativados: dois deixaram de existir e dois entraram no que a gente chamou de estado de latência. Vamos lembrar que a fronteira está fechada e que não se tem muita informação a respeito da crise humanitária dentro da Venezuela.[17] A gente sabe que em algum momento vai haver um *boom*, um fluxo migratório novamente, seja pela reabertura da fronteira, seja pela convulsão social que, ao que tudo indica, está sendo gestada na Venezuela. Então, por um motivo ou por outro, a operação tem se preparado, naquilo que chamamos de plano de contingência, que está pronto. É um plano "de gaveta", como a gente chama. Nesse plano de contingência tem um plano de otimização e reestruturação: dois abrigos estão em estado de latência, para uma eventual necessidade de resgatá-los e não sair do zero.

Com a Covid e a fronteira fechada, parou o fluxo de refugiados. Vamos dizer, o fluxo oficial, pois havia as trochas, *caminhos por onde os ilegais atravessavam a fronteira. Isso causava algum problema em particular? Ou era uma quantidade pequena?*
Quando cheguei à operação, a fronteira estava fechada, e assim permaneceu durante todo o tempo que lá estive, de 15 de agosto de 2020 a 15 de janeiro de 2021. Foram cinco meses lá em operação. A fronteira fechada, que inicialmente gerou uma distensão no sistema Operação Acolhida — no sentido de podermos dar mais atenção à interiorização e mais atenção à parte estrutural, à reformulação dos abrigos, a uma otimização das nossas instalações. Ao longo desse tempo de

---

[17] Na manhã de 18 de março de 2020, a fronteira do Brasil com a Venezuela, na cidade de Pacaraima, foi oficialmente fechada, obedecendo à decisão do governo federal do Brasil estabelecida na Portaria nº 120, de 17 de março de 2020, assinada pelos ministérios da Casa Civil, Justiça e Segurança Pública e da Saúde sob justificativa de contenção do avanço e propagação do coronavírus. No dia 24 de junho de 2021, o Brasil reabriu a fronteira, com restrições, para a passagem somente de migrantes venezuelanos em situação de vulnerabilidade.

fronteira fechada gerou-se outro tipo de situação: a quantidade de migrantes ilegais se tornou muito grande, no estado como um todo, mas particularmente em Pacaraima e Boa Vista. Aí, a operação se via com demandas que eram possíveis de serem supridas pela estrutura da operação, mas que legalmente não poderiam ser supridas, porque a operação não pode usar o erário para dar tratamento a ilegais. Então, isso passou a gerar outro tipo de pressão. Tanto é que, nos últimos dois meses em que eu estava na função, a própria operação buscou contato com o Ministério Público, com agentes governamentais de primeiro escalão, com a parte ministerial, seja com o Ministério da Justiça ou o Ministério da Cidadania, de maneira a distender, em alguns momentos — particularmente levando em conta o estado de vulnerabilidade de alguns ilegais que estavam lá —, de maneira a colocar essa estrutura da operação já trabalhando em função desses ilegais legalizados, mediante a autorização das esferas competentes.

A interiorização é chave para o funcionamento da Acolhida. Porém, com a Covid, ela ficou prejudicada com a questão da mobilidade e da chegada em locais, se não com quarentena, com problemas de receber refugiados. Quer dizer, facilitou por um lado e estrangulou por outro? O fluxo cessou, porém, a interiorização ficou mais dificultada?

Assim que a fronteira fechou, que a pandemia foi decretada, efetivamente, a interiorização passou a ser dificultada. Como a interiorização é um contato muito longo, algumas prefeituras que recebiam rotineiramente passaram a proibir interiorização. Teve situações de estados que deixaram de receber. Mas o fato é que, no primeiro momento, a interiorização sofreu um impacto bastante forte, no sentido de diminuir. Aqui eu abro um parêntese. A interiorização, eu tenho a impressão de que é o grande diferencial da Operação Acolhida. O trabalho dessa interiorização é muito individualizado. Então, ao mesmo tempo que se consegue interiorizar um grupo de 30 venezuelanos, também se consegue interiorizar uma família de determinadas características, ou até mesmo um indivíduo, porque ele vai se juntar à família dele que já está interiorizada. Seja um contrato, uma vaga de emprego sinalizada, seja a reunião familiar, seja a reunião social, que são as formas mais comuns de interiorização. Mas, com o passar do tempo, esses caminhos foram sendo reconstruídos e a própria interiorização ganhou um novo fôlego, no tempo em que eu estive no 9º Contingente, de forma que, se não me falha a memória, voltamos a interiorizar uma média de 1.200 pessoas por mês. Chegamos depois a aumentar para 1.500 pessoas por mês, em alguns picos; antes da pandemia a interiorização tinha uma meta de 3 mil interiorizações ao mês. Outro cuidado que se tinha: uma vez sinalizada a família, a cidade ou o estado que se propunha a receber famílias venezuelanas para a interiorização, ou um indivíduo ou um grupo, havia todo um cuidado, por parte da operação, com um protocolo de saída do venezuelano de Roraima para o local de destino. Vamos lembrar que, na própria fase de acolhimento, o venezuelano, quando chega nas triagens, já recebe vacinação, já recebe no próprio abrigo uma série de cuidados médicos que o colocam em uma condição sanitária adequada, por exemplo, para ser interiorizado. E, com a pandemia, havia... eu vou chamar na linguagem militar, o Dia D, que seria o dia considerado em que seria realizada a interiorização. Esse dia era precedido por uma rotina de D-3, D-2, D-1, de vários protocolos sanitários, no sentido de dar tranquilidade e transparência para aquela região, para aquela entidade, para aquele município que iria receber os venezuelanos, de que eles soubessem que não estavam recebendo vetores de Covid. Então, esse protocolo era muito claro e muito estabelecido, e isso foi muito bem aceito. Então, à medida que esse protocolo se mostrou correto, efetivo, a interiorização voltou a tomar fôlego. Mas não chegou, obviamente, aos números pré-Covid.

Como o senhor vê a eventual saída do Exército, do Ministério da Defesa, das Forças Armadas da Acolhida? Era para ser uma missão temporária, mas que, com o tempo, foi se prolongando. Enfim, não é função do Exército ficar lá permanentemente fazendo isso. Isso era uma preocupação? Como o senhor imagina que isso possa acontecer?

O componente militar deve estar enquanto há crise. Existia uma crise, e a solução para aquela crise foi a Operação Acolhida, com forte componente militar. Isso, em 2018. A maneira de o contingente militar trabalhar foi sendo também construída e, ao mesmo tempo, foram gerados processos para cada uma das dinâmicas referentes à Operação Acolhida. Hoje, dá para dizer que quem chega lá dificilmente vai inventar algum processo novo. Vai aperfeiçoar, eventualmente adaptar algum dos diversos processos, mas ter novidade ali, dá para dizer que é muito difícil. Isso significa que o momento de crise já foi superado. E o componente militar não deve permanecer *ad aeternum* nessa situação. Então, isso é um entendimento e uma preocupação do Exército, de forma que uma das missões paralelas que foram levadas a cabo pelo 9º Contingente foi a construção do Plano de Reestruturação e Transição da Operação Acolhida. Esse plano está pronto e aborda todas as nuances, todos os locais de operação, todos os processos, sejam eles administrativos ou operacionais. Tudo isso foi colocado no planejamento. Essa missão levou os cinco meses em que nós estivemos lá. Esse planejamento está pronto, já com o cronograma definido, cabendo agora ao órgão decisor. Essa decisão, quando for tomada, vai ser numa esfera da mais alta equipe do governo federal. Mas o entendimento é que a crise já foi superada e que, por conta disso, não há indicação objetiva da permanência do contingente militar na operação. O Exército entende que já não deveria mais estar lá, mas entende que mesmo essa saída tem que ser uma coisa muito organizada. A troca de contingente é uma operação; a troca de contingente para uma componente não militar é outra operação. É assim que é encarada por nós. Todo o nosso planejamento foi nesse sentido.

Como visão de quem esteve lá ao longo de cinco meses, aquilo que se faz na Operação Acolhida é digno de nota. Falo isso sem paixões, falo isso sem o menor pingo de vaidade, até porque cada um de nós que estivemos lá deu continuidade ao trabalho de quem nos antecedeu e vai ter o seu trabalho continuado por quem nos sucede. Mas há uma necessidade de entrega, há uma necessidade de comprometimento. Seja quem for receber, vai precisar realmente abraçar essa causa, considerando como se fosse uma força armada. O que eu quero dizer com isso? O militar trabalha de uma maneira muito pragmática: a missão será cumprida. A empatia de cada ser humano, a entrega que cada um dá para sua missão vai variar, e varia inclusive entre os militares, porque nós não somos um todo tão homogêneo assim. O que nos torna homogêneos é dizer: "O que deve ser feito é isso". E, uma vez vencida a fase de assessoramento e decisão, tomada a decisão: "Cumpra-se!". A receita para isso funcionar é que se tenha a entrega que o componente militar eminentemente tem. Eu digo o componente militar, mas também aqueles que já estão lá. Quando eu falo em entrega e devotamento à missão, seria uma grande injustiça excluir os demais integrantes da operação: as ONGs, os meus companheiros de trabalho da OIM, do Acnur, do UNFPA, as entidades religiosas. Eu via muito brilho no olho ali, por parte de todo mundo. Então, se esse brilho no olho de quem permanecer lá contaminar quem chegar, com certeza essa transição vai acontecer e a operação vai continuar enquanto for necessário.

O senhor acha que os militares adquiriram, nessa operação, uma nova capacidade para as Forças Armadas? O que fica de legado? E, para além da formação, qual é o impacto que o senhor acha que a operação deixa para a imagem dos militares?

Em termos individuais, aquilo que a operação agrega a cada um de nós está diretamente relacionado a um conjunto que é: posto/graduação/função desempenhada. Tem militares que vão para a Operação Acolhida e desempenham lá exatamente a mesma função que desempenhavam na sua OM de origem. Isso é particularmente verdade quando se fala daquela questão mais técnica. Por exemplo, aquele militar que trabalha no "rancho", na cozinha, e que vai para o trabalho do rancho na cozinha da Operação Acolhida: o que ele agrega, militarmente falando, é mais tempo de vivência na profissão. Agora, ele agrega, na parte individual e na parte humana, uma outra experiência. Isso com certeza vale para todos nós. Então, o ganho individual está diretamente relacionado à antiguidade, ao posto ou graduação, ao nível hierárquico de cada um dos integrantes e à função que ele vai desempenhar.

Dito isso, no que diz respeito ao Exército, vamos lembrar que a Operação Acolhida é uma operação conjunta e que tem a participação da Força Aérea e da Marinha, também. Mas, evidentemente, 85% ou 90% do efetivo são do Exército, então, eu vou falar pelo Exército. Não há criação de capacidade militar nova, com a Operação Acolhida. O que se faz é adequar capacidades já existentes, particularmente no que diz respeito à logística, para uma destinação específica; é usar a nossa modularidade, a nossa capilaridade e particularmente a nossa estratificação, em termos de formular e construir em módulos já existentes. Essa capacidade foi muito aperfeiçoada, com certeza, na parte da logística e de criar processos que são muito específicos para aquele cenário da Operação Acolhida Venezuela. Porém, evidentemente, na eventualidade de uma operação nesses moldes em algum outro lugar, seja em um país estrangeiro ou em alguma outra área do território nacional, com certeza as lições aprendidas, os módulos, os processos consagrados na Operação Acolhida vão ser de grande valia. Mas não vejo isso como uma capacidade militar nova que esteja sendo criada.

Em relação à imagem do Exército, me arrisco a dizer que a Operação Acolhida é melhor compreendida, na sua importância e na sua dimensão, fora do Brasil do que no Brasil. A sociedade brasileira tem pouquíssima informação, seja do que se faz, seja da importância do que se faz. Falhamos nós, Exército; falham outros órgãos, que deveriam mostrar mais, no sentido não de que isso gere algum tipo de benefício para o Exército, mas no sentido de que o Brasil está dando uma contribuição... Eu não conheço outras operações desse porte, desse nível. Mas mesmo os integrantes de entidades parceiras nossas que têm outras experiências ao redor do mundo são muito tranquilos em afirmar que a Operação Acolhida, hoje, é o *benchmark* para esse tipo de situação. Então, a imagem do país que é vendida ou que poderia ser vendida pela Operação Acolhida, eu acho que está agregando muito menos do que poderia agregar. Então, eu vejo que a Operação Acolhida agrega, sim, valor à imagem do Exército, mas isso está muito setorizado na cidade de Boa Vista. Nem no estado de Roraima... A nível Brasil, acho que muito pouco se mostra dessa operação que o Brasil está conduzindo, por intermédio da Operação Acolhida, no seu componente militar e no seu componente civil, também. Poderíamos estar fazendo disso um motivo de... talvez, não de orgulho, mas um pouquinho de satisfação para toda a sociedade brasileira, por conta desse trabalho que é o Brasil que está fazendo.

O senhor gostaria de acrescentar algo a respeito da sua experiência lá?
Apenas deixar uma ideia que eu compartilho com vários companheiros. Mesmo aquela minoria que não foi para lá por vontade própria certamente saiu da operação engrandecida, por conta de ter essa oportunidade de vivenciar experiências diferentes, de perceber o tempo todo que, por mais distante do que a gente chama de "ponta de linha", por mais distante da interação com os venezuelanos, todos ali tinham a ideia de que estavam trabalhando em benefício de alguém. O Exército brasileiro é o que é porque tem a cara da sociedade brasileira. Isso é uma tônica que se verifica em todas as passagens da história militar do Brasil. A própria Força Expedicionária tem essa caracterização, a própria atuação do Brasil no Haiti tem essa caracterização, e não seria diferente na Operação Acolhida. Então, o Exército tem a força que tem por ter a cara da nossa sociedade. E essa empatia que caracteriza o povo brasileiro é um componente fundamental para esse tipo de operação. Talvez daí um dos fatores de sucesso da Operação Acolhida seja que o Exército brasileiro é formado por pessoas da sociedade brasileira,

que têm em alto grau a empatia, a capacidade de se comover, de se emocionar e de tratar aquele semelhante como se fosse uma pessoa da sua família, uma pessoa com a qual a gente tem cuidado. Essa experiência agrega valor à experiência pessoal e profissional. Qualquer um dos integrantes da operação, eu tenho certeza de que vai ser muito enfático em passar essa ideia. Então, foi uma grande experiência, foi uma satisfação pessoal e profissional muito grande, ter participado da operação. Falo não só por mim, falo isso como chefe do Estado-Maior Conjunto do 9º Contingente e por ter recebido esse tipo de mensagem de vários companheiros, independente de posto e graduação e da função que exercia.

Pablo Mattos

Pablo Mattos foi oficial de proteção do Alto Comissariado das Nações Unidas para Refugiados (Acnur) em Boa Vista, atuando em parceria com a Operação Acolhida desde o seu início, em março de 2018. Graduou-se em direito pela Fundação Universidade Federal do Rio Grande (Furg) em 2006. Em 2009, concluiu pós-graduação em direitos humanos pela Universidade de Coimbra, em Portugal. Em 2013, concluiu mestrado com bolsa European Master in Migration and Intercultural Relations (EMMIR), financiada pelo programa Erasmus. Durante o mestrado, entre 2011 e 2013, realizou estágio no Acnur, no campo de refugiados de Kyangwali, em Uganda. Entre 2013 e 2015, trabalhou na ONG Instituto Migrações e Direitos Humanos, no Distrito Federal. Entre 2015 e 2016, foi Atlas Corps Fellow no Bernardo Kohler Center, em San Antonio, Texas, nos Estados Unidos. Em 2017, foi designado chefe do escritório do Acnur em Boa Vista.

Entrevista realizada em 26 de maio de 2021.

Quando foi sua primeira visita à região?
Foi no final de 2016, quando se inicia o deslocamento de venezuelanos para o território brasileiro, em razão dessa situação que a Venezuela vive hoje. A partir de outubro, a gente começa as primeiras missões de monitoramento e apoio para a sociedade civil e as autoridades locais. Alguns indígenas da etnia warao começaram a se estabelecer em Pacaraima, na fronteira com a Venezuela. Participando dessas missões, avaliamos que seria necessário estabelecer um escritório do Acnur em Boa Vista, para acompanhar a situação. Estabelecemos o escritório no dia 12 de junho de 2017.

O que você encontrou lá e que ações eram essas?
Era muito diferente do que a gente tem hoje. Quando a gente estabelece o escritório em junho de 2017 a situação é muito parecida com o final de 2016. Que situação é essa? É o início de uma crise de deslocamento forçado, que hoje é a maior da história moderna do nosso continente e que se inicia, sobretudo, com o deslocamento de indígenas da etnia warao, que se estabelecem em Pacaraima — grupos pequenos, 50, 60 pessoas —, e se passa a perceber um aumento de venezuelanos em geral, sobretudo em Boa Vista e Pacaraima, mas também em outras cidades do interior de Roraima. Então, no início, tentávamos coordenar, sobretudo, com autoridades locais — governo do estado, prefeitura de Boa Vista e prefeitura de Pacaraima — e também com entidades da sociedade civil, que ainda são fundamentais. No início da operação, como não era uma operação federalizada, a sociedade civil tinha um papel central, sobretudo no apoio à documentação de pessoas. Então essa foi uma das primeiras iniciativas que se teve que apoiar. Já se verificava um aumento de número de pessoas indocumentadas em território brasileiro. Na época, a Polícia Federal em Roraima não estava preparada para esse aumento quase repentino do fluxo, então foi importante estabelecer esse procedimento de apoio à sociedade civil e à Polícia Federal, no sentido de documentar as pessoas ou auxiliar no pedido de refúgio. O formulário de pedido de

refúgio, na época, era muito longo, então fizemos, junto ao Conare, um movimento para simplificar o formulário. O Estado brasileiro, nessa mesma época, começa a aceitar também o pedido de residência temporária de nacionais venezuelanos, como se tem até hoje. São basicamente duas possibilidades, para as pessoas vindas da Venezuela quando chegam ao Brasil: ou a residência temporária ou o refúgio. Então, junto com a OIM, na época, estávamos apoiando a sociedade civil para fazer esses pedidos: ou de refúgio, apoiado sobretudo pelo Acnur, ou de residência, apoiado sobretudo pela OIM. A OIM abriu escritório em Boa Vista pouco depois, cerca de um, dois meses depois que o Acnur.

Quem estava lá na época em que vocês chegaram? O Exército já tinha alguma atuação?
As Forças Armadas têm uma presença permanente lá em Boa Vista e Pacaraima, mas não tinham uma atuação na operação emergencial. Havia as ações militares de fronteira, como de costume, mas não estavam tão engajados na resposta à situação Venezuela. Uma vez ou outra, em ações pontuais, se buscava o apoio das Forças Armadas, mas não era algo, vamos dizer assim, institucional, permanente. Nessa época, obviamente, a Polícia Federal já tinha uma atuação. É a autoridade que faz a porta de entrada no país. Então: Polícia Federal, as autoridades locais, de maneira um pouco mais incipiente — e resistente, diria eu —, e, sobretudo, as ONGs locais. A diocese já tinha uma atuação muito concreta, o CMDH da irmã Telma,[18] que também é ligado à diocese, já prestava um apoio a essas pessoas. A ONG Fraternidade Humanitária Internacional, que hoje é parceira implementadora do Acnur, também já estava lá, acho que foi no final de 2016 que eles estabelecem uma pequena missão em Boa Vista. Mas era sobretudo com

[18] Telma Cristina Lage dos Santos (1972-2021), a irmã Telma, foi coordenadora do Centro de Migrações e Direitos Humanos da Diocese de Roraima e tornou-se personagem referência na defesa dos direitos de migrantes e refugiados venezuelanos em Roraima.

organizações locais que se trabalhava, além da Polícia Federal. Essas eram as organizações que já estavam lá. E, claro, à medida que Acnur e outras organizações internacionais se estabelecem, começam a ser fechadas parcerias com outras organizações e ONGs. E, no início de 2018, acontece a federalização da resposta. Na época, eu era chefe de escritório do Acnur em Boa Vista, fui o primeiro chefe. Depois, com o aumento do escritório, nomeamos um colega internacional para exercer a chefia. Eu permaneci mais algum tempo. Fiquei, no total, quase 19 meses, mas atuando como *liaison officer*, oficial de relações institucionais, alguma coisa assim.

Como era a relação de vocês com as ONGs? Era muito diferente de outras emergências humanitárias, ou era mais ou menos o mesmo modelo?
Eu trabalhei em duas emergências com o Acnur: na emergência Uganda, sobretudo com a situação do Congo, e, no Brasil, é a primeira emergência que eu trabalho diretamente com o Acnur. Mas o Acnur tem um histórico de parceria com entidades da sociedade civil, inclusive organizações religiosas. Nossos maiores parceiros aqui no Brasil são, por exemplo: Cáritas, aqui em Brasília, o IMDH, que é ligado às caritelianas; os jesuítas também têm uma atuação muito grande na questão da migração e refúgio. Lá em Roraima, não foi diferente. Buscamos sempre nos aproximar dessas organizações, que têm no seu DNA o trabalho com direitos humanos. As organizações religiosas têm um longo histórico de atuação nos direitos humanos aqui no Brasil. Então, eu diria que é uma aproximação natural e muito tranquila. É evidente que cada uma tem o seu papel a jogar. Possuímos, sim, papéis diferentes, mas eu diria que são complementares, e por isso é que se conseguiu fazer da operação no Brasil um modelo para toda a região. Foi justamente essa união de diversos atores que nos possibilitou estabelecer essa operação, que hoje é referenciada como modelo.

Vocês têm uma parceria grande com os órgãos governamentais no guarda--chuva da Acolhida. Como foi para vocês esse movimento?
Na verdade, era uma espécie de *advocacy* que já vinha se fazendo, não só o Acnur, mas também outras organizações, no sentido de ter um apoio federal mais constante para essa resposta. Estava sendo muito difícil, na prática, organizar essa resposta emergencial com autoridades locais, sem o apoio federal. Roraima é um estado que ainda não é dos mais desenvolvidos. Tanto o estado quanto as cidades têm um orçamento limitado e, quando se tem o impacto da vinda de imigrantes refugiados, é evidente que é muito importante o apoio federal, que é onde estão os recursos.

Vamos dizer então que estávamos tendo algumas dificuldades práticas na coordenação dessa operação emergencial com os governos locais, em razão de diversos fatores. A partir daí se inicia esse *advocacy* pelo maior envolvimento do governo federal, o que foi muito positivo. Claro que, no início, havia um pouco de resistência no sentido de que houvesse uma militarização da resposta. Mas, vendo antes e depois, tenho absoluta clareza de que houve, sim, um salto de qualidade na resposta, em termos de organização, em termos de recursos, tanto materiais quanto humanos, empreendidos. Então, na minha avaliação, na avaliação geral que fazemos enquanto Acnur, foi, sim, uma qualificação da resposta a partir dessa federalização e da nomeação de um coordenador operacional pelo governo federal. Na época, nomeou-se o general Pazuello, que depois assumiu o Ministério da Saúde. Um general do Exército. E a gente precisa reconhecer que as Forças Armadas possuem um poderio de pessoas e de organização e de hierarquia que outras organizações dificilmente terão. Esses são elementos fundamentais em uma operação emergencial. A gente precisou, por exemplo, nos primeiros momentos da operação, estabelecer quais seriam os seus eixos fundamentais; e isso se construiu através do diálogo com autoridades federais, de uma maneira bem clara, bem transparente. Então se estabeleceram os três eixos fundamentais da operação: o ordenamento de fronteira, o abrigamento e a interiorização.

As Forças Armadas, o Exército em particular, tinham experiência em ações de GLO; no Haiti, tiveram uma certa experiência em ajuda humanitária, depois do terremoto. Mas essa crise de refugiados não é uma coisa em que eles tivessem experiência, pois tinha características diferentes de todas as outras missões. Como se adaptaram? Foi tranquilo?

Foi. É preciso dizer que alguns dos colegas militares com que trabalhamos tinham experiência em missões no exterior, missões humanitárias; mas o diferencial é que essa é uma operação do Brasil. Uma referência que a gente pode traçar, anterior, no Brasil, mas numa proporção muito menor, é a questão dos haitianos. A partir do terremoto se inicia o fluxo de haitianos ao Brasil, porém em números inferiores e de uma complexidade, eu diria, também inferior. Então alguns colegas militares já possuíam esta *expertise* no exterior. Em termos de preparação, os militares foram muito eficientes, sobretudo porque, um pouquinho antes do estabelecimento da Acolhida, se realizou um exercício chamado AmazonLog, que foi justamente um exercício simulado de deslocamento de migrantes refugiados ao território brasileiro em uma situação de fronteira. Foi o general Miotto,[19] se não me engano, que idealizou o AmazonLog, e muitos dos contratos administrativos que haviam sido estabelecidos para o AmazonLog foram utilizados na Operação Acolhida. Então, houve esse exercício de treinamento e preparação, que foi fundamental para o estabelecimento da Acolhida. Nesse sentido, os militares já estavam um pouco preparados para aquilo que iriam enfrentar em Roraima. Por isso, acredito que a Operação Acolhida foi, de certa forma, facilitada em razão dessa experiência anterior das Forças Armadas.

É claro que a operação foi se transformando a partir do seu estabelecimento. Lá no início, muitas atividades eram executadas diretamente pelas Forças Armadas ou Acnur e outras organizações. Um exemplo prático: a alimentação nos abrigos era feita pela Aeronáutica e pela Marinha, por algum tempo. E também a segurança. Hoje, são

---

[19] General Geraldo Antônio Miotto (1955-2021).

empresas terceirizadas, que foram contratadas para esse fim. Da mesma forma, a gestão dos abrigos era realizada diretamente pelo Acnur, em razão de uma parceria com o Ministério da Cidadania. Hoje, temos parceiros implementadores fazendo essa gestão. Então, a operação foi se transformando à medida que foi se desenvolvendo, porém mantendo esses três eixos fundamentais: ordenamento da fronteira, abrigamento, interiorização.

Você já mencionou organizações locais e governo local, mas teve momentos de tensão em vários níveis. Primeiro porque havia campanhas políticas, as pessoas queriam se eleger, parte da população e dos políticos também acusavam o fluxo de venezuelanos de estar destruindo a precária infraestrutura que já havia, de saúde etc. Como era lidar com essa parte da população, e do poder também, que via de uma forma negativa esse fluxo de migrantes?
Isso, sem dúvida, foi um desafio. Como eu estava dizendo, houve desafios consideráveis nessa tentativa de coordenação com autoridades locais, muito em razão disso que você colocou. Numa situação de deslocamento forçado, as pessoas se deslocam porque precisam preservar sua vida, sua liberdade, sua integridade física; enfim, seus direitos humanos. Por isso, se deslocam. E a situação Venezuela tem um componente importante de deslocamento forçado. O próprio Conare afirma que a Venezuela é uma situação de grave e generalizada violação de direitos humanos, ou seja, o deslocamento é uma questão, muitas vezes, de vida ou morte. Por isso, um deslocamento forçado. As pessoas têm poucas opções em termos de deslocamento. Porém, ninguém consultou a população brasileira, ninguém foi lá perguntar, para a população de Boa Vista (em qualquer situação de migração forçada é assim): "Olha, vocês estariam dispostos a receber esses migrantes refugiados venezuelanos?". Não. As pessoas, simplesmente, se deslocam, e isso acaba impactando na vida, no dia a dia das pessoas.

Roraima era um estado, vamos dizer, quase pacato, em termos de violência urbana. Eu não estou vinculando diretamente a migração venezuelana, é só para fazer um parêntese aqui, supondo que, se temos mais pessoas, é evidente que vamos ter, matematicamente, mais crimes e mais violações. Mas muitas vezes se esquece que, nessa mesma época da migração da Venezuela, organizações criminosas brasileiras — PCC, Família do Norte, Comando Vermelho — também começam a se estabelecer na Região Norte do país. Eu tendo a acreditar, e as evidências indicam isso, que o aumento de crimes violentos é muito mais decorrente dessas organizações criminosas brasileiras que se estabelecem no Norte e — é preciso dizer — começam a recrutar uma parcela mais vulnerável da população, incluindo os venezuelanos, e aí se tem o aumento da criminalidade.

Aquele livro do Bauman fala muito bem disso: *Estranhos à nossa porta*.[20] Quem quiser ler algo interessante e fininho sobre o tema, eu indico esse livro. É muito mais fácil ao governante local atribuir a alguém que vem de fora as mazelas que a população roraimense estava vivendo do que admitir que, por uma série de fatores anteriores, nunca se pensou em estruturar o estado em termos de segurança, de saúde. Então, à medida que se tem mais pessoas, e o estado não estava estruturado para isso, é claro que as pessoas vão esperar mais na fila do hospital, e aí vão colocar a culpa no venezuelano. E o venezuelano não vota. Pensem que o estado é pequeno, em termos de população, 100 votos lá fazem muita diferença, numa eleição do Parlamento, por exemplo. Então é muito fácil atribuir a culpa por qualquer situação negativa que aconteça no estado, ou na cidade, a essas pessoas que estão vindo, em uma situação muito precária, e que mudaram, vamos dizer assim, visualmente a cidade, no sentido de que não havia moradores de rua, não havia pessoas pedindo em sinais. E, a partir da vinda dos venezuelanos em situação de vulnerabilidade, se começa a perceber essas situações, o que é normal em muitas das cidades grandes do Brasil, porém não era o que acontecia em Boa Vista. Isso choca a população, ninguém se sente confortável vendo uma criança passando necessidade ou uma adolescente se prostituindo. É evidente que

---

20 BAUMAN, Zygmunt. *Estranhos à nossa porta*. Rio de Janeiro: Zahar, 2016.

vamos ter uma reação negativa a isso. Somos humanos, então vamos sentir esses sentimentos. E, na medida em que tu tens seus líderes e governantes atribuindo a culpa de todas as mazelas do estado a esse *alien* — entre aspas — que chega do outro lado da fronteira, a população começa a internalizar esse tipo de discurso e começa a entender como verdadeiro esse tipo de afirmação. Mas, às vezes, os governantes não indicam, também, os pontos positivos do deslocamento. Em termos de geração de renda, a economia de Roraima sofreu um *boom*, nos últimos anos, cresceu muito, e muito em razão da Operação Acolhida e da Operação Emergencial. Então, sempre tem os dois lados.

Quando o governo federal entra, o braço operacional é principalmente o Exército. Os militares que entrevistamos chamam muito a atenção para o fato de que estavam tendo que lidar com mais de 100 organizações e que não tinham uma posição de comando, mas de coordenação. Funcionava de fato como uma coordenação ou havia uma cadeia de comando presente?
Eu posso afirmar isso com relação ao tempo que eu estava lá, e com o coordenador operacional com quem eu trabalhei. Nesse sentido, eu diria que nunca houve uma cadeia de comando com relação aos organismos internacionais e entidades da sociedade civil. Sobretudo no início da operação e quando eu estava lá, o Estado brasileiro ou a força... Quando eu falar "força-tarefa", estou falando, especificamente, dos militares. Então a força-tarefa logístico-militar é o braço logístico dentro da Operação Acolhida, estou me referindo diretamente aos militares. E a força-tarefa, apesar de ter esse papel de coordenação operacional, sempre foi muito aberta a sugestões e apontamentos vindos dos outros parceiros da Operação Acolhida, os organismos internacionais e a sociedade civil. Talvez, sobretudo, porque essas organizações já estavam lá quando os militares chegaram para a Operação Acolhida. Muitos contingentes militares que chegaram não tinham experiência em ações humanitárias, e foram muito sensíveis, tanto o general Pazuello quanto o general Kanaan, no sentido de escutar as pessoas que já estavam lá e pessoas com

experiência em operações emergenciais. Então, nesse sentido, posso afirmar que não houve uma cadeia de comando da força-tarefa com relação aos organismos internacionais, e que houve, sim, uma situação de parceria, cooperação e complementaridade entre as diversas organizações.

Posso citar aqui uma situação concreta com relação a isso, que era sobre o segundo eixo da Operação Acolhida: o abrigamento. A ideia inicial da força-tarefa e do governo federal era estabelecer um grande campo de refugiados entre Pacaraima e Boa Vista, uma região bem deserta, fazer daquilo quase a porta de entrada para os refugiados e migrantes venezuelanos. E através da orientação do Acnur — e outros parceiros, obviamente, mas, nesse ponto, eu diria que o Acnur teve um papel fundamental — se sugeriu que fossem estabelecidos pequenos abrigos no perímetro urbano de Boa Vista, para facilitar a gestão dos espaços, mas sobretudo para fomentar a emancipação das pessoas que vivem nesses abrigos, em termos de conhecer os serviços oferecidos pelo Estado brasileiro. Tu estás numa cidade, tu vais buscar escola para os teus filhos, vais buscar um posto de saúde, vais procurar um emprego. Então, a integração é muito mais simplificada, as pessoas ganham autonomia e não ficam tão dependentes da ajuda humanitária. Essa foi uma sugestão dos parceiros da Operação Acolhida que o Estado brasileiro, realmente, implementou. Mudou-se de ideia: ao invés de estabelecer esse grande campo de refugiados para mais ou menos 5 mil pessoas, que era a ideia na época, se estabeleceram pequenos abrigos no perímetro urbano de Boa Vista, a fim de facilitar a integração e emancipação das pessoas que eram beneficiadas por esse espaço. Esse é um exemplo prático, no qual se tinha um planejamento inicial e, através da conversa e de recomendações, se mudou. Então parece que era uma relação, pelo menos quando eu estava lá, de parceria, e não de comando.

Vocês tinham algum tipo de contato com o governo venezuelano, ou com ONGs venezuelanas?

O Acnur tem uma operação na Venezuela, mas que tem um foco um pouco diferente, sobretudo para questões de apatridia. Então, as situações com o governo venezuelano e organizações venezuelanas são de responsabilidade da operação do Acnur na Venezuela; eles é que fazem essa interlocução. É claro que recebemos informes dos colegas e temos contato direto, constante com os colegas do Acnur que atuam na Venezuela, inclusive missões de colegas que atuavam na Venezuela vindo ao Brasil para conhecer a operação, para poder prestar a devida informação às pessoas que vivem na Venezuela.

E com relação aos países vizinhos, como o Peru e a Colômbia, que já estavam recebendo um fluxo maior de venezuelanos? Houve alguma troca de experiência, algum diálogo, seja com o Acnur de lá, ou com a maneira como a sociedade civil estava lidando com essa entrada?

Parece que essa troca foi se estabelecendo à medida que a situação Venezuela foi se desenvolvendo. Talvez, no início, não se tivesse clareza da dimensão que a situação da Venezuela fosse tomar. O Brasil nunca foi o principal destino. O principal destino é Colômbia, Peru, até Equador, Chile. Nós somos aí o quinto, talvez sexto, em termos de números absolutos. Mas não sei até que ponto os governos, na época, faziam essa interlocução. Hoje o próprio Acnur busca estabelecer fóruns de discussão. A plataforma Aforavi, por exemplo, que congrega os organismos internacionais, organizações da sociedade civil e, de certa forma, governo, é uma plataforma de diálogo e troca de experiências. Mas eu não sei dizer se fora desses fóruns facilitados pela ONU existia essa interlocução direta entre governos. O que posso afirmar é que a Operação Acolhida conta com experiências que já tentaram ser desenvolvidas em outras partes do mundo, mas adaptadas ao Brasil. A própria questão da interiorização, dessa realocação, é algo que se tentou aplicar na resposta europeia a migrantes refugiados. É claro que lá se torna mais complexo porque envolve diversos Estados nacionais. Aqui, no Brasil, se conseguiu estabelecer de uma melhor maneira, sobretudo porque se trata de apenas um Estado, então é o deslocamento dentro do Estado, o que acaba se tornando mais facilitado.

Mas o Brasil tem particularidades que foram levadas em consideração para o estabelecimento da operação. A principal particularidade que eu destacaria aqui é esse fluxo chegar justamente pela fronteira norte. Então, entre Roraima, Amazonas e o restante do Brasil tem uma barreira natural, que é a floresta amazônica e o rio Amazonas, o que cria uma situação diferente da Colômbia, por exemplo, onde as pessoas conseguem mais facilmente se deslocar pelo território. No Brasil, é como se fosse uma espécie de tampão, um funil: as pessoas chegam, e o deslocamento da Região Norte para os outros estados da federação é muito difícil. Os serviços públicos da Região Norte acabam ficando sobrecarregados, a integração na região é mais complicada, porque o grande empregador de Roraima, por exemplo, é o serviço público, que é um tipo de trabalho ao qual o imigrante, o refugiado, tem mais dificuldade em se integrar. Por isso, a interiorização é um eixo fundamental. Na verdade, os três eixos são fundamentais, é importante que eles trabalhem de maneira harmônica, mas se não tivesse a interiorização, seria muito difícil a gente manter essa operação no Norte, porque chegaria mais gente, mais gente, mais gente, e as instalações acabariam sendo sobrecarregadas.

Você, como chefe lá, o que é que lhe dava mais dor de cabeça? O que foi mais difícil gerir, na sua função?
A maior dificuldade me parece que é a situação de vulnerabilidade em que chegam as pessoas. Isso, sem dúvida, é o ponto central da nossa atuação. Por exemplo, o exercício de registro. Uma coisa que me marcou muito. No exercício de registro, de apoio à Polícia Federal, a gente pega a foto, o documento da pessoa e a pessoa está na tua frente, e às vezes, muitas vezes, era chocante ver a diferença daquela pessoa que a gente via na foto do documento e a pessoa que estava na nossa frente. As pessoas perderam oito, 10 quilos. Era chocante ver e muito difícil

de gerir, até emocionalmente, a forma de extrema vulnerabilidade em que essas pessoas chegavam.

Além disso, sobretudo no momento de estabelecimento da operação, não se tinha, por exemplo, abrigo para todas as pessoas. Esse segundo eixo, o do abrigamento, construímos do zero — claro, com muito da *expertise* das Forças Armadas, com material do Acnur e outras organizações, mas construímos do zero. Então, no início da operação, e ainda hoje, de certa forma, não se tinha, por exemplo, espaço nos abrigos para todas as pessoas, então era necessário decidir quem teria acesso ao abrigo ou não. Um abrigo, especificamente, que eu me recordo, adjacente a uma igreja, da Consolata, o abrigo São Vicente, que é um terreno cedido pela diocese. Quando a diocese cedeu esse espaço, diversos migrantes refugiados venezuelanos estavam ocupando o entorno da igreja. O drama que se viveu nessa situação específica é que, ao estabelecer o abrigo, não se tinha espaço para todas as pessoas que estavam vivendo nas adjacências da igreja, então era necessário decidir quem entra no abrigo, quem não entra. É uma situação extremamente difícil. É claro que os colegas da igreja queriam abrigar todos, mas nossa ponderação era de que existem parâmetros que precisam ser seguidos, que existe uma lotação máxima de abrigo que a gente precisa respeitar; caso contrário, todas as pessoas no abrigo estarão em risco. Então se decidiu que famílias mais vulneráveis, sobretudo aquelas com crianças, teriam preferência no abrigamento, o que acabou gerando o fato de que muitos homens sozinhos não puderam ser abrigados. E a gente precisa ir lá e dizer: "Não, infelizmente, o senhor não vai ter acesso a esse abrigo". E aí a pessoa vai te responder: "E o que é que eu faço? Fico na rua?". Muitas vezes, essa é a solução. Não é um ponto fácil de lidar. Então, eu destacaria esse como o principal desafio e de difícil gestão. Mas claro que todo o esforço de coordenação, também, era muito grande. Quando se tem diversas organizações, cada uma com seu papel diferente, um mínimo de organização entre essas entidades é sempre difícil. Foi necessário estabelecer reuniões de coordenação, grupos de trabalho para temas específicos. Então, toda a questão da coordenação no início da operação foi também um ponto que eu poderia destacar como um desafio considerável.

Como foi a experiência do Acnur na gestão do dia a dia das populações abrigadas?

O Acnur aqui, no Brasil, faz a gestão nesses espaços em razão de um acordo de cooperação com o Ministério da Cidadania, que é a entidade responsável pela gestão de abrigos no Brasil. Em razão da ausência de uma maior capacidade, o Ministério da Cidadania — na época, Desenvolvimento Social — estabeleceu esse acordo, onde se diz que o Acnur irá realizar a gestão desses espaços, ou diretamente, como fazíamos no início da operação, ou por meio de parceiros implementadores. Hoje, são mais ou menos 7 mil pessoas abrigadas nesses espaços. Na verdade, a interlocução direta com as pessoas é algo que o Acnur faz em diversas operações. Então, por mais que seja sempre difícil e chocante trabalhar com pessoas em situação de vulnerabilidade, isso é algo que a gente está, de certa forma, acostumado a fazer. Na verdade, essa relação foi muito natural, acredito que em razão da sensibilidade das Forças Armadas em reconhecer que outras organizações estavam melhor posicionadas no sentido de exercer essas atividades de contato direto com a população. Muitos colegas militares vinham de operações completamente diferentes, como no Rio de Janeiro. A perspectiva que se precisava adotar para a Operação Acolhida era muito diferente. Por mais que se façam treinamentos e sensibilizações, a prática sempre é difícil. Então, eu acredito que os próprios militares reconheceram isso e também estavam dispostos a entender como fazer esse tipo de interlocução. É muito importante, em toda interlocução com refugiados, entender que são sujeitos de direito responsáveis pelo seu próprio destino. Então se dá muito a partir do diálogo com as pessoas, para entender as dificuldades e construir com os próprios refugiados soluções para os problemas que enfrentam. E sempre a partir de uma perspectiva que contemple a grande diversidade da população refugiada, em termos de idade, de perfil, de etnia. Às vezes, meninas, jovens terão desafios muito diferentes que homens idosos, por exemplo. Então, é preciso levar sempre em consideração essa perspectiva de idade, de gênero, na construção de soluções para essa população.

Você falou sobre o receio inicial de a participação do Exército ser vista como uma militarização da crise. No caso dos abrigos, por parte dos venezuelanos, dos refugiados, como era vista a presença diária do Exército?
É claro que isso vai depender de uma pessoa ou outra. Talvez pessoas ou grupos que tenham tido uma experiência traumática com militares no país de origem tenham tido receio maior em confiar. Mas, de maneira geral, acredito que essa interlocução era muito boa. Os militares também mostraram uma grande sensibilidade nessa questão. Tirando um ou outro caso mais isolado, eu não vejo maiores problemas na relação entre as pessoas refugiadas e o componente militar da operação. Acredito que foi uma relação positiva, de respeito mútuo, e que os militares foram fundamentais na construção da operação como se tem hoje. Claro que se tem desafios. Mas, de maneira geral, eu acredito que essa relação foi e é muito boa.

Os refugiados formam um grupo muito heterogêneo. Nos abrigos, por exemplo, há áreas separadas para o grupo LGBT, que era hostilizado, às vezes, por outros refugiados. Os warao, no refúgio indígena... Quer dizer, há uma complexidade ali, interna, que é preciso cuidar. Essa tensão entre eles era sensível? Como se lidava com isso?
Imagina quanto problema se tem entre pessoas que moram num condomínio. Claro que um abrigo, um campo de refugiados é um microcosmo, que vai ter pessoas das mais diversas convicções, ideologias, crenças religiosas. Evidente que a partir daí podem, também, surgir conflitos dentro da comunidade. É algo para o que se precisa estar preparado. Buscamos, sobretudo, estabelecer pequenos grupos de organização dentro do abrigo, para que atos cotidianos não elevem e se tornem um problema. A limpeza do abrigo, por exemplo. É importante que as pessoas refugiadas contribuam para a limpeza, para

evitar problemas de saúde, acúmulo de lixo. Isso, se não está muito organizado, pode criar conflitos internos dentro da comunidade. Estou dando um exemplo bastante elementar, mas isso pode escalar para situações de conflito dentro da família, situações de agressão contra a mulher, por exemplo. Mas em geral isso se remedia por meio da comunicação com a comunidade, e também da criação de grupos setoriais dentro do abrigo, de segurança, de limpeza, de alimentação.

Uma situação muito complicada que eu enfrentei foi relacionada à interiorização. Semanalmente, fazíamos uma rotação entre os diversos abrigos, verificávamos as pessoas que já estavam havia mais tempo em outros abrigos, que já tinham todos os requisitos para serem interiorizadas e fazíamos o deslocamento entre esses abrigos, para um abrigo específico, o Rondon 2, que é o abrigo onde são feitos todos os procedimentos de pré-interiorização, e a partir daí se deslocam. Numa determinada situação, durante esse procedimento de realocação para o Rondon 2 e procedimentos pré-interiorização, se identificou uma situação de catapora no abrigo Rondon 1. E, por orientação do Ministério da Saúde, se disse para, naquela rodada de interiorização, não interiorizar pessoas do Rondon 1. Era preciso isolar por 14 dias, se não me engano. O problema é que isso se identificou no meio desse deslocamento do Rondon 1 para o Rondon 2, então as pessoas chegaram ao Rondon 2 e foi preciso informar a elas que tinham que voltar ao abrigo de origem, que ninguém ia ser interiorizado. Isso cria uma revolta entre as pessoas, porque colocam na interiorização sua grande esperança de sair daquela situação. As pessoas precisam entender por que aquilo está acontecendo e como aquilo será remediado. Tendo esse senso de justiça e clareza de quais serão os procedimentos, toda a interlocução é muito mais simplificada. Então, vai depender muito de cada situação. Mas eu diria que, de maneira geral, é importante manter as pessoas informadas, e que tenham a possibilidade de influenciar nas decisões que afetarão suas vidas.

Nas entrevistas que fizemos com militares, eles nos falaram sobre a possibilidade de uma saída gradual das Forças Armadas da operação, que era algo já previsto desde o início. Isso tem sido debatido com o Acnur?
Sim. São situações que a força-tarefa e a própria Casa Civil têm trazido para nosso conhecimento. Eu diria que, em razão do momento que se tem hoje, a questão da Covid, não seria o melhor momento para uma desmilitarização total da resposta, em razão dessas particularidades. Mas é, sim, um caminho natural a seguir. Eu só faço essa ressalva pela questão específica da Covid, que a gente não sabe exatamente como vai se desenrolar, porém a desmilitarização é um processo natural. O que é importante é que se identifiquem organismos, tanto privados quanto públicos, que exerçam as atividades que hoje são executadas por militares. Por exemplo, a alimentação e a segurança já foram terceirizadas. Então é importante que as principais ações executadas por militares tenham uma organização civil que possa executar essas atividades. Me parece que essa transmutação, vamos dizer assim, de componente militar para mais civil acaba seguindo a própria linha das operações emergenciais ao se tornarem também um pouco ações de desenvolvimento. Esse é o ponto fundamental. A Operação Acolhida será insuficiente, caso não se pense já em situações que possam promover essa mudança de uma operação emergencial para ações de desenvolvimento local, do estado, das cidades, preparando essas cidades e esses espaços para essas situações; e que as autoridades públicas tenham a capacidade, também, de responder a essas situações. Acredito que é, sim, um processo natural, necessário, porém tem que ser também gradual e se pensar em quem irá assumir essas atividades que hoje são executadas pelos militares.

Como vocês avaliam se o trabalho de vocês está funcionando? No caso dos militares, eles enfatizam a questão do número de interiorizados. E para vocês? Como o Acnur faz a avaliação do impacto das suas ações na Operação Acolhida?
Nós temos procedimentos de auditoria interna, inclusive de colegas com experiência internacional, que, de tempos em tempos, vêm em missão ao Brasil, para avaliar a operação do Acnur aqui e fazer reco-

mendações ou ajustes, que sempre serão decididos a partir do nosso representante no Brasil. Por exemplo, situações de violência de gênero ou a questão indígena: colegas com essa especialidade vêm ao Brasil, fazem verificações, fazem entrevistas e depois vão fazer recomendações. Eu não gosto desta vinculação direta de número de interiorizados ao sucesso da operação. É preciso entender que números refletem a vida de pessoas ali. Então, se eu fizer uma interiorização onde a pessoa é realocada e sofre uma violência sexual, não consegue se integrar, qual foi o sucesso disso? Nenhum. Ou pouco, eu diria. A gente tem que, sempre, tomar cuidado de intervir sem prejudicar. Muitas vezes, missões humanitárias internacionais acabam prejudicando, a médio e longo prazos, um país. É necessário ter cuidado, considerar que cada número na verdade é uma vida, e que não é simplesmente interiorizar ou abrigar: é como a pessoa é interiorizada, é como a pessoa é abrigada. Então a gente tem que ter cuidado nesse sentido e não vincular sucesso simplesmente a números. Mas, para responder de maneira concreta a pergunta: sempre vai ter um ponto ou outro que precisa ser melhorado. Então, contamos com a experiência de colegas internacionais que vão fazer recomendações.

E, claro, nosso trabalho aqui é complementar o trabalho do Estado. O responsável direto pela proteção de direitos humanos de populações no território é o Estado. Nós complementamos. Então, esse ajuste vai depender muito, também, da atuação do Estado nacional e dos governos locais. É sempre importante, nesse ponto, contar com parceiros e organizações do país que tenham experiência nessas avaliações. Há um estudo feito pela FGV, lá em Roraima, que avaliou aspectos econômicos da resposta. Temos também avaliações do próprio processo de interiorização. Então, é preciso fomentar a pesquisa e, sobretudo, falar com as pessoas. Anualmente, nós desenvolvemos o chamado diagnóstico participativo, que é um exercício anual do Acnur no qual a gente vai até as pessoas refugiadas e busca conversar com elas. Como foi a experiência, a vinda ao Brasil? Quais foram os problemas, quais foram os desafios? O que foi bom, o que não foi tão bom? Fazemos isso desde Pacaraima até as cidades que hoje recebem refugiados por meio da interiorização. É um exercício feito em todos os escritórios. Temos escritórios no Amazonas, Belém, Boa Vista, Pacaraima, Brasília e São Paulo. Isso é feito com nossos escritórios e nossos parceiros, buscando realmente falar e conversar com as pessoas, para receber esse *feedback* direto. Eu diria que essa é a principal ferramenta que temos, e o ponto fundamental de qualquer avaliação é escutar as pessoas, para, a partir desse *feedback* direto, poder fazer eventuais ajustes na nossa resposta ou recomendação aos governos.

Com todas essas avaliações, tanto as mais formais quanto os processos de avaliação participativa e os números que são coletados, qual o teu diagnóstico, quais as lições aprendidas com a Operação Acolhida? O que é que ela tem de lições para ensinar para outras experiências de emergências humanitárias similares?
Me parece que uma das fortalezas da Operação Acolhida é a conjunção e união de esforços. Pode parecer um pouco clichê, mas é muito verdade. Os militares vão ter fortalezas, os organismos internacionais vão ter outras, as entidades da sociedade civil vão ter outras particularidades que merecem ser respeitadas e ouvidas. Essa junção de diversas organizações, sob a liderança do governo federal, me parece que é uma lição que pode ser aprendida, para aplicação em outras respostas emergenciais. É claro que a diocese ou uma ONG de direitos humanos vai ter uma visão da situação muito diferente da dos militares. Não estou dizendo que uma está certa, a outra está errada; estou dizendo que é preciso levar em consideração todas as visões para se atingir um objetivo qualificado. Eu acho que, de certa forma, se conseguiu isso, por meio da Operação Acolhida, sobretudo no momento em que eu estava lá, e esse é o momento que eu posso afirmar com maior tranquilidade, maior convicção, que se conseguiu essa conjunção de esforços.

É claro que muito da resposta se torna extremamente dificultada em razão da Covid. Um dos pontos fundamentais de mudança na resposta é justamente a partir do fechamento de fronteira. O Brasil sempre teve uma postura de fazer o ordenamento de fronteira. Isso é muito diferente de fazer o fechamento, porque não vai ser um fechamento formal de fronteira que vai impedir o deslocamento. As pessoas vão se deslocar de qualquer forma. A grande diferença é que numa situação normal de temperatura e pressão, vamos dizer assim, as pessoas, ingressando em território brasileiro, buscavam imediatamente a Polícia Federal para se identificar e se documentar. Hoje, com o fechamento, primeiro: não se tem clareza das pessoas que tentam ingressar no território brasileiro; segundo, essas pessoas que ingressam não vão buscar diretamente a Polícia Federal por receio de serem deportadas. Então, esse foi um ponto de inflexão e uma grande diferença, do tempo que eu estava lá e do que a gente tem hoje, que é a situação de fechamento de fronteira pela pandemia. Nossa posição é de que é possível, sim, estabelecer um procedimento que, de um lado, se preocupe com o direito à saúde da população brasileira, mas, por outro, respeite direitos e convenções dos refugiados. Porque essa situação de fechamento coloca em risco uma situação fundamental, que é a não devolução, o acesso ao território e o acesso a procedimento de refúgio. Hoje, as pessoas não têm. Isso é ruim para as pessoas, mas é ruim também para o Estado brasileiro, porque se tem um número considerável de pessoas que hoje estão no Brasil e não estão documentadas. Isso dificulta toda a resposta. Esse talvez tenha sido um ponto fundamental de mudança dentro da Operação Acolhida. É claro que não foi uma decisão do coordenador operacional. É uma portaria interministerial, da Casa Civil, Ministério da Saúde e Ministério da Justiça, que fecha a fronteira — várias fronteiras, mas especialmente com a Venezuela, porque as exceções previstas na própria portaria não se aplicam a pessoas venezuelanas. Então, com outros países, tem um fechamento parcial, vamos dizer assim, mas com a Venezuela, tem um fechamento total. E isso dificulta muito a resposta emergencial.

Você ficou até quando na função?
Eu cheguei lá em junho de 2017 e fiquei mais ou menos uns 18 meses, então... início de 2019, talvez. Trabalhei com Kanaan, com Pazuello, com o coronel Alei, que hoje é o chefe do Estado-Maior, mas na época ficou três meses lá. Conheci muita gente lá. Hoje, quem está de chefe de escritório é o Oscar, um colega equatoriano. Mas, nos meus últimos meses lá, eu já não estava chefe de escritório, eu era o *liaison officer*. Hoje, quem está de *liaison* é uma colega, nacional também, a Taís Menezes, que já foi inclusive coordenadora do Conare.

Qual foi o impacto da pandemia e do fechamento de fronteira para o trabalho de organismos internacionais, como o Acnur, e como essa questão está sendo lidada?
Dificultou muito, não só em questões práticas. Vou começar do início. Os colegas dos escritórios do norte permanecem no terreno. Essa foi uma orientação do nosso alto comissariado, no sentido de *stay in delivery*, de permanecer em contato com as pessoas refugiadas, fazendo os ajustes em nossa operação. Então, primeiro, foram desafios na lida direta com as pessoas refugiadas, no sentido de informar sobre a pandemia, de informar sobre ações para evitar a disseminação do vírus. O que não foi tão simples, porque, às vezes, não se tem clareza absoluta dos protocolos a seguir. É uma situação nova para todo mundo; mesmo nos âmbitos dos governos, não se tinha muita clareza. É claro que nós temos que buscar orientação, sobretudo, em agências irmãs, mais especificamente a OMS. Então, estabelecer os protocolos dentro dos abrigos, instalar equipamentos para higienização de mãos, álcool, promover maior distanciamento social dentro dos abrigos, distribuição de máscaras. Todas essas questões práticas dificultam um pouco a operação. Se estabeleceu também um hospital de campanha que beneficiou tanto os brasileiros quanto os venezuelanos vítimas de Covid. O Acnur fez um aporte considerável para esse hospital que foi instalado.

A questão da indocumentação também dificulta muito o trabalho diário. Se a pessoa não tem documento, como é que ela vai alugar uma casa? Se a pessoa não tem documento, ainda que serviços de saúde estejam garantidos, muitas pessoas têm receio de buscar o atendimento de saúde, com receio de serem deportadas. Então, é preciso prestar às pessoas a informação de que elas podem, sim, buscar serviços de saúde. Outra questão: no início, não se tinha clareza, por parte da coordenação operacional, se as pessoas indocumentadas deveriam ser abrigadas ou não. Houve todo um processo de convencimento para abrigar essas pessoas, ainda que o artigo 4.º, inciso VII, da Lei de Migração fale que as pessoas têm direito. O que mais que foi difícil? A própria questão da interiorização sofreu um impacto, porque as pessoas, para serem interiorizadas, precisam estar documentadas. E muitas cidades de destino estavam, também, com receio de receber pessoas durante a pandemia da Covid. Então foram várias questões práticas, que acabaram dificultando a resposta.

Yssyssay Rodrigues

Yssyssay Divina Rodrigues foi coordenadora de campo da Organização Internacional para as Migrações (OIM), atuando em parceria com a Operação Acolhida desde seu início, em março de 2018. Bacharelou-se em Ciências Sociais pela Unicamp, em 2007. Em 2015, concluiu mestrado em ciências sociais pela Unesp. Entre 2009 e 2016, foi consultora socioterritorial da Diagonal, com atuação na área de impacto ambiental de megaprojetos, em Moçambique, e na área de desenvolvimento territorial dos produtores de cacau e leite da região de Barlovento, no estado de Miranda, na Venezuela. Começou a atuar na OIM a partir de agosto de 2017.

Entrevista realizada em 14 de junho de 2021.

Quando você foi pela primeira vez à região da Acolhida?
Fiquei em Moçambique até 2016, retornei e queria ficar um pouco no Brasil. Comecei a procurar outras coisas. Estava fazendo uma consultoria em Minas Gerais, quando vi uma vaga de coordenador de campo da OIM, para lidar com o fluxo migratório venezuelano. Me inscrevi, meio sem muito conhecimento, naquele momento, do contexto humanitário. Acabou que deu certo. Foi assim que eu fui parar em Roraima, em agosto de 2017. A OIM é uma missão recente, ela abriu o escritório no Brasil em 2016. O chefe de missão, inclusive, foi nomeado um pouquinho depois da minha contratação. Eu ainda fui contratada pela missão de Buenos Aires, que era o nosso escritório regional. Então, eu comecei junto com a OIM no Brasil, sou a quinta ou a sexta funcionária, se eu não me engano.

A motivação para a abertura do escritório da OIM no Brasil foi a crise humanitária na fronteira com a Venezuela?
Sim. Até hoje é a nossa maior resposta, nossa operação mais robusta e foi a primeira motivação. Não sei se dá para dizer motivação, mas o impulso que trouxe recurso, uma maior presença de organismos internacionais naquela região, que possibilitou a expansão para cá.

Como é que se abre um escritório? Do zero?
É bem do zero, mesmo. A gente tinha a cessão de uma sala na Universidade Federal de Roraima, no Instituto de Relações Internacionais. O Acnur já estava lá, tinha chegado em junho, se não me engano, e eu cheguei em agosto. A OIM chega em agosto. Aí a gente tinha uma pequena sala que o pessoal do Projeto Acolher, que é um projeto de extensão da UFRR, nos cedeu — naquele momento, ainda informalmente. Aí eu fui comprar as cadeiras, as mesas, para começar a montar tudo mesmo. Não tinha computador, nada. Mas tinha, é claro, a sociedade civil, que já estava lá muito antes de chegar o Sistema ONU, fazendo o trabalho deles há muito mais tempo.

Como você começa a se relacionar com esses outros atores que estão lá? Quem você procura primeiro e como se estabelecem canais de comunicação?
Logo que eu cheguei, teve uma missão da FAO e do PMA, das agências das Nações Unidas de agricultura e de alimentação, e isso foi uma grande facilidade para mim, porque foi no dia seguinte mesmo que eu cheguei, e essas pessoas já tinham as principais pontes com os governos locais. Naquela época, não existia a Operação Acolhida; quem estava responsável pela resposta era o governo do estado de Roraima. Então, as primeiras pessoas de quem eu me aproximei foram as autoridades locais do governo de Roraima. Já havia um calendário de reuniões com a missão da FAO e do PMA, com a sociedade civil, também, e aí eu conheço o CMDH da irmã Telma. A universidade foi uma grande porta também; quando eu cheguei já tinha essa sala cedida e o Projeto Acolher. A professora Júlia[21] conhecia todo mundo, trabalhava com migração já tinha um tempo. O Acolher tinha uma atividade de extensão de português para migrantes e refugiados, então já tinha essa inserção com a sociedade civil. Era mais o CMDH, a Pastoral do Migrante, a Igreja Católica e suas ramificações em várias organizações. Não me lembro se nesse momento já tinha a Cáritas, acho que sim. Mas era todo mundo meio junto, ali nos prédios das pastorais. Aí eu fui conhecendo todo mundo, a partir desses primeiros contatos.

Como o governo do estado estava lidando com a situação?
Já era um estado com políticas públicas que precisavam de reforço. As questões de saúde, educação, acesso a serviços, de uma maneira geral, já eram problemáticas. Com o aumento do influxo de migrantes e refugiados da Venezuela, isso foi um pouco usado: "Ah, a chegada deles colapsou os serviços". Eu gosto de frisar que já era um pouco problemático. É claro que uma estrutura de serviços, que já tinha

---

[21] Júlia Faria Camargo, professora do Curso de Relações Internacionais da Universidade Federal de Roraima (UFRR).

seus problemas, passar a receber um influxo extra de pessoas causa dificuldades nessa absorção. Naquele momento, a gente tinha bastante relação com a Setrabes, a Secretaria do Trabalho e Bem-Estar Social do estado, e com a Defesa Civil. Havia reuniões de coordenação toda semana, ou de 15 em 15 dias, não tenho certeza, em que estavam todos os organismos envolvidos, e quem tomava bastante liderança nesse momento era a Setrabes e a Defesa Civil. Eu não me lembro a patente dele agora, mas era um comandante da Defesa Civil que geria um pouco a situação. Mas, naquele momento, não tinha estrutura de abrigamento. A própria estrutura do Suas de Roraima não tinha capacidade de absorver aquele fluxo. Tinha muita gente em situação de rua. Eu vinha de São Paulo, então tudo é uma questão de perspectiva. A comunidade estava muito chocada: "Nossa! Tem muita gente em situação de rua! Olha que absurdo!", e tudo o mais. É claro que o ideal é não ter nenhuma pessoa em situação de rua, mas quando a gente chegava de uma outra perspectiva, tentávamos relativizar: "Sim, é uma situação ruim, temos que fazer algo, mas não é o fim do mundo. Somos um país de 200 milhões de habitantes. Tem muito mais gente na Colômbia". Enfim, tentar relativizar o discurso. Mas havia uma urgência da opinião pública de que se fizesse alguma coisa, de que aquelas pessoas não estivessem mais ali na rua, pedindo as coisas no semáforo e à vista, vamos dizer assim. Então, era bastante difícil.

Havia então uma visão negativa da população e do poder político local, por conta dessa chegada em massa de venezuelanos. Houve um uso político disso, não?

Tinha. Até por isso eu comecei falando que os problemas já existiam antes do fluxo migratório. Mas, sim, se usou isso, teve um uso político disso com certeza. E tinha um impacto na opinião pública, porque de fato o acesso aos serviços era problemático para a população local. Então, quando você começa a ver essa competição por recursos escassos, vamos dizer assim, tinha esse discurso. A gente sempre tomava bastante cuidado em falar isso, principalmente publicamente, porque essas pessoas tinham mais visibilidade midiática. Mas o que a gente via no cotidiano, o pessoal da sociedade civil mesmo, eram mais pessoas a fim de ajudar, com doação, voluntários. No início, não tinha nenhuma estrutura; essas pessoas só comiam porque tinha um monte de voluntários dispostos a cozinhar, a levar comida todos os dias, no café, no almoço e no jantar, sem nenhum conhecimento humanitário, correndo todo tipo de risco, de tumulto, coisa que aconteceu em alguns momentos. Não tem nenhum dado ou pesquisa sobre isso, mas minha percepção cotidiana é que tinha mais gente a fim de ajudar do que com esse discurso de expulsão. Só que esse discurso sempre tem mais visibilidade.

Havia alguma estrutura de abrigamento nesse momento?
Mais ou menos. Tinha bastante gente em situação de rua, e não me lembro exatamente se, quando eu cheguei, ou um pouquinho depois, tinha duas estruturas informais de abrigamento. Eu digo informais porque realmente não havia exatamente uma gestão; era uma coisa que a Defesa Civil colocou as pessoas ali para dar um jeito na situação, mas ainda estava construindo como aquilo ia se estruturar. Um era o Tancredo Neves, um ginásio no qual a situação foi ficando muito ruim, tinha muita gente, e barraquinhas do lado de fora — em algum momento, não tinha mais segurança, porque começou a ter a ocorrência de crime e o ambiente ali começou a ficar ruim. Outro ginásio, no Pintolândia, um bairro mais afastado, inicialmente tinha, convivendo no mesmo espaço, migrantes e refugiados indígenas e não indígenas. O Pintolândia depois virou um abrigo formal da Operação Acolhida indígena, mas, nesse momento, todo mundo convivia ali. Ali já começou a trabalhar a Fraternidade — Federação Humanitária Internacional, que, hoje em dia, é um parceiro implementador do Acnur e ainda faz a gestão desses espaços, mas, naquele momento, era um trabalho voluntário de pessoas missionárias e leigas que iam para lá trabalhar voluntariamente. O primeiro fluxo que foi perceptível foi o dos indígenas warao, até por uma questão de visibilidade mesmo,

porque chegavam com suas roupas diferentes, seus costumes e tudo mais, e eram vistos na cidade. Foram os primeiros a serem abrigados, emergencialmente, pela Defesa Civil e pelo governo local nesses espaços. Então, o que tinha era isso, era o pessoal vivendo no Tancredo e no Pintolândia e muita gente em situação de rua, na região da rodoviária, numa praça ironicamente chamada Simón Bolívar.

Você falou da mobilização da sociedade civil em torno da causa. De que grupos vinham essas pessoas?
Sobretudo pela Igreja Católica, que era a estrutura aglutinadora dessas pessoas, desses vários organismos. O CMDH já existia ali, com a irmã Telma, já fazia esse trabalho com a população em situação de vulnerabilidade e foi a primeira organização que recebeu essas pessoas, principalmente os indígenas warao. A partir da rede que a Igreja Católica estruturou, isso foi se ampliando com a comunidade. Todo mundo com quem você for falar — os nomes conhecidos da sociedade civil lá de Boa Vista —, em algum momento estará relacionado com a Igreja Católica.

Depois houve a chegada federal, basicamente do Exército, com a Operação Acolhida. Como foi o início dessa nova fase de lidar com o problema?
Eu cheguei em agosto. No final de 2017, a realidade era essa do governo local lidando com tudo isso. Aí, no início de 2018, começou a ganhar força o pedido de federalização da resposta, porque era uma questão federal. Era um fluxo migratório humanitário, uma emergência humanitária, que não podia ficar somente com um governo estadual, e ainda mais um governo estadual com capacidades limitadas. Isso começou a ser discutido em Brasília em outros níveis de coordenação e, no começo de fevereiro, no Carnaval, teve uma visita do então presidente Temer, que conheceu toda aquela situação ali, num momento em que estava um pouco caótico, e houve o decreto de criação do Comitê Federal de Assistência Emergencial. Então, foi tudo um pouco rápido. No início, a gente recebeu a visita da Presidência da República e já soubemos e

tivemos conhecimento da formação do comitê, dos quatro subcomitês e da Operação Acolhida. Naquele momento, tudo aconteceu junto: a Casa Civil da Presidência da República; o Ministério da Cidadania, que naquele momento era o chamado Ministério do Desenvolvimento Social (MDS); o Ministério da Educação; o Itamaraty... São 12 ministérios que compõem o comitê e estavam lá em suas representações. Então, todo mundo foi junto, para construir esse processo em campo, não só o Exército. E a criação da Operação Acolhida.

Naquele momento, o coordenador operacional era o general Pazuello. Tudo aconteceu em poucos dias, na verdade. A criação do comitê foi em fevereiro, em fevereiro e março foram visitas desses ministérios, para a estruturação em campo do que seria. Havia um desenho formal, mas tinha que se ver em campo como aquilo ia funcionar, porque não ia ter uma representação fixa desses ministérios, cada pessoa ficava em missões de duas em duas semanas. Então, tem várias pessoas que compunham esses ministérios, que eram como se fosse equipe nossa: a gente estava sempre fazendo tudo junto. No final de março, foi quando aconteceu a reestruturação física. Foi isso que teve mais visibilidade, porque foi impressionante mesmo: em três dias, o que era o Tancredo Neves, que já tinha virado meio que uma comunidade, com as suas construções próprias, deixou de ser o Tancredo Neves, para virar uma estrutura de abrigamento. O Exército esvaziou um depósito de carros, o Latife Salomão. Tudo aconteceu entre o finalzinho de março e comecinho de abril, e a cara do lugar mudou muito drasticamente em alguns dias. Isso chamou muito a atenção, essa coisa da eficiência logística mesmo, que era o que estava sendo necessário ali.

O Exército fez isso sozinho ou eles conversavam com vocês, da sociedade civil?
Conversavam. A gente fez isso bem junto. O planejamento das ações foi bem próximo. Naquela época era o Acnur, principalmente. A gente era muito pequeno ainda. Éramos três pessoas, nesse momento, eu e duas assistentes, mas a gente estava sempre ali, junto. E, principalmente,

tinha bastante relação do Exército com a Defesa Civil, que era quem vinha até então fazendo essa organização logística da resposta. Então, eles construíam isso juntos.

A ajuda humanitária não é uma coisa com que o Exército estivesse habituado, como, por exemplo, com as GLOs. Eles tinham uma postura de conversar sobre o que fazer ou já tinham uma direção do que iam fazer? Essa postura, como é que ela acontecia na prática?
Olha, principalmente no início, era tudo muito dialogado. É claro que eles são o Exército, eles vêm de uma outra estrutura, eles têm muito essa orientação da hierarquia, então era uma coisa que a gente tinha que conversar sempre, porque a nossa estrutura hierárquica não era a mesma. Era até engraçado, no cotidiano, porque eles chegavam perguntando: "Quem é o zero-um da OIM? Quem é o zero-dois?" [risos]. A gente adotou muito jargão militar no nosso dia a dia. Mas, principalmente no início da operação, era uma relação horizontal, sim. A gente construiu isso juntos de verdade. Os ministérios estavam presentes no território. Isso fazia bastante diferença, a gente estar construindo isso junto. E o Exército brasileiro tem uma vivência de cooperação civil-militar, a partir de operações de paz. O Ccopab tem até um estágio de cooperação civil-militar. Eu participei desse estágio. Participei também desse estágio lá com a Otan, na Holanda, em 2019, de outro tipo de Cimic, mas desse tipo de coordenação. O Exército estava e está tentando usar a Operação Acolhida para aprimorar a doutrina de cooperação civil-militar. Então, iam sempre pessoas da Eceme, do Alto-Comando do Exército, no intuito de estudar a operação e de implementar na prática tudo isso que o Exército brasileiro tem de teoria dessa cooperação em operação humanitária.

É claro que é um contexto completamente diferente — a Operação Acolhida — de uma operação de paz. Dá para fazer algumas analogias, mas mais ou menos, até a página dois. Mas eles estavam interessados em usar ali de laboratório dessas relações. Então, era tudo muito junto mesmo, era pegar a planta do Tancredo Neves e: "A gente tem que colocar as barracas tudo pertinho, para caber mais gente". E o Acnur falando: "Não, tem que ter um espaço mínimo, porque existe um manual humanitário de como se faz isso, o Esfera. Essas são as regras. Então, pega aqui para estudar. E funciona desse jeito". O Acnur tinha uma arquiteta que era especialista nessa questão de estruturação de abrigos. Então, era a construção de consenso o tempo todo, mas o clima era legal, sabe? A gente realmente construía aquilo junto, trabalhava muito junto e fazia a coisa acontecer junto, principalmente no início. Depois, quando a coisa foi criando uma proporção gigantesca e a situação no Brasil foi se complexificando, é claro, isso foi ficando cada vez menos fácil. Mas, no início, era bem legal.

Como foi a recepção pela sociedade civil dessa federalização da resposta? Causou um bom impacto a chegada do Exército?
A minha percepção é de que sim, é de que existia uma urgência ali geral de ajuda, que já tinha chegado no limite da capacidade de resposta do governo local e precisava vir ajuda. Isso era um pouco polêmico. Porque tinha quem defendesse que era preciso fortalecer o governo local e usar dessa oportunidade para fortalecer os serviços, o sistema de saúde, o sistema de educação, o sistema de assistência social local, e não trazer toda uma estrutura extra, que também tem sua característica inerente de provisória. Então, isso sempre foi um pouco polêmico, no sentido de que o objetivo daquela estrutura — e esse sempre foi o nosso objetivo — seria o de fortalecer o local, porque a Operação Acolhida não vai ser eterna, não é? Então, nesse sentido era um pouco polêmico. Mas, naquele momento, acho que não teve um ator, que eu me lembre, que fosse contrário à federalização, porque era necessária uma ajuda mesmo.

Especificamente para a OIM, qual era a missão de vocês? Qual era a parte da operação em que vocês tinham mais atuação direta?
De maneira geral, todas. A Operação Acolhida foi criada desde o início com base em três pilares: o ordenamento da fronteira, o acolhimento e a interiorização. No ordenamento da fronteira, a gente já tinha em funcionamento um arranjo com a Polícia Federal, a OIM e o Acnur, que apoiavam as duas vias de regularização migratória que a população venezuelana tinha no Brasil: a solicitação de autorização de residência, por meio da portaria interministerial que tinha sido criada, e a solicitação de reconhecimento da condição de refugiado. Então, o Acnur apoiava a Polícia Federal no fluxo de solicitação de refúgio e a OIM apoiava a Polícia Federal no fluxo de solicitação de autorização de residência; isso desde o início, desde que eu cheguei, em agosto, antes de existir a Operação Acolhida. A gente tinha, na Polícia Federal, uma equipe de estagiários das duas agências que apoiavam a PF nesse processo. Então, isso já foi levado para a Operação Acolhida meio que desse jeito. Aí foi conseguir trazer a Polícia Federal, que tinha limitações de recursos humanos e financeiros, também, para ampliar sua presença na fronteira. A operação na fronteira surge em junho. Foi dia 12 de junho de 2018 que abriu o PTrig de Pacaraima. PTrig é posto de triagem, que hoje tem até uma outra sigla, porque é posto de interiorização e triagem, hoje em dia. É Pitrig, eu acho, que eles chamam hoje. Um pouquinho depois, então, do início da Operação Acolhida. Esse eixo já estava um pouco estruturado, a gente só reproduziu e ampliou muito, com certeza, com vacinação, com a Polícia Federal ali fazendo a documentação já na fronteira e também em Boa Vista, depois. O PTrig de Boa Vista, se eu não me engano, foi um pouquinho depois do de Pacaraima.

O eixo do meio, que era o acolhimento, foi o eixo mais construído com o Acnur, que, naquela época, não tinha ainda, mas hoje tem, um termo de cooperação e parceria com o Ministério da Cidadania. Então, fazia essa gestão de abrigamento via Suas, como se fosse um parceiro implementador, de uma certa forma, do Ministério da

Cidadania. A gente tinha 12 abrigos em Boa Vista, em determinado momento, e dois em Pacaraima. Isso mudou. Eu saí de Boa Vista em fevereiro de 2020. Desde então, diminuíram os abrigos, mudou um pouco a estrutura. Eu não sei exatamente como está isso hoje, mas, de uma maneira geral, no eixo do abrigamento, o Acnur era o ator principal, e seus parceiros implementadores, que eles contratam para gerir os abrigos: a AVSI, a Fraternidade Internacional... Acho que esses, os principais.

O terceiro eixo, que era o da interiorização, sempre foi o eixo principal em que a OIM se inseriu. Porque a OIM, no mundo, uma das principais atividades é o reassentamento de refugiados. Então, a gente já tinha experiência com esse tipo de operação logística de transportar as pessoas de um lugar para outro. A interiorização foi construída muito com base nessa experiência da OIM. A gente até usa alguns termos que vêm da experiência da OIM, porque, no começo, a gente sentava junto e construía junto a interiorização. Por exemplo, a gente tem uma etapa que é uma atividade de checagem médica que, nos manuais de reassentamento da OIM, era identificada pela sigla FFT, que é *fitness for travel*, e até hoje se chama de FFT, lá na interiorização. Então, foi na interiorização que a gente esteve sempre mais presente, embora a gente esteja em todos os pilares da operação. Desde o primeiro voo de interiorização, a gente sempre esteve, e hoje é a nossa equipe mais robusta. A gente faz tudo, na interiorização, desde a identificação de beneficiário, entrevista, checagem de receptor, compra a passagem — quando tinha avião da FAB, voava junto; hoje, tem o avião fretado, a gente voa junto —, acompanha até o local de destino na cidade receptora. Todo o processo mesmo, até a pessoa estar integrada no local de destino. Se for identificar grandes eixos de responsabilidade, para a OIM era a interiorização. É claro que não faz sozinha, e é claro que faz outras coisas.

Nesse período em que você esteve lá, você tinha algum contato com o pessoal na Venezuela, ou autoridades ou ONGs?
A OIM tem missão na Venezuela. Com autoridades, não, até porque, no momento, a gente tinha uma situação da questão do Guaidó, de virar o presidente autoproclamado, e uma situação um pouco indefinida com relação a isso da parte do governo brasileiro. Então, nossa missão no Brasil, como organização internacional — pelo princípio de neutralidade, mesmo —, não tinha nenhuma relação com o governo venezuelano. Com organizações não governamentais, às vezes, quando a gente precisava de alguma informação ou, às vezes, no contexto dos próprios migrantes mesmo, de dizer: "Está acontecendo alguma coisa em determinada...". Quando teve uma situação de violência, por exemplo, com os indígenas taurepang, que são popularmente conhecidos por pemon, naquela ocasião da ajuda humanitária frustrada, que acabou não entrando na Venezuela e tudo o mais, naquele momento a gente se comunicava, no sentido de ter informação: "Ah, em Santa Helena está acontecendo uma situação X, é muito possível que vá chegar um fluxo de indígenas taurepang grande aqui no Brasil amanhã!". Para a gente poder apoiar, poder prover algum tipo de infraestrutura. Mas isso tudo de maneira um pouco informal, pelos próprios migrantes e refugiados. Institucionalmente, não. A OIM tem missão na Venezuela, mas o contato é feito quando tem alguma demanda mais formal, a partir das vias institucionais.

Na Colômbia também tem missão da OIM?
Na Colômbia, eu cheguei a visitar, num encontro sobre o fluxo venezuelano. Acho que foi em 2018, em Bogotá. Tinha ali várias organizações de sociedade civil e ONU e lidavam com o fluxo venezuelano na região. Era um encontro de toda a região da América Latina. Foi bem interessante. O escritório da OIM na Colômbia é bem grande, porque a gente trabalhava com a questão das Farc, com a reintegração. Com isso tudo, a gente cresceu muito lá, tem um prédio enorme em Bogotá. Lá, a missão é maior, sim, lidando com o fluxo migratório venezuelano, com pesquisa e com várias áreas da resposta. Existe uma plataforma de

coordenação, chamada R4V – Resposta para a Venezuela, que foi criada a partir de uma solicitação do secretário-geral das Nações Unidas de que a OIM e o Acnur cocoordenassem a resposta ao fluxo migratório venezuelano em toda a região da América Latina e Caribe. Existem formas de organização diferentes da resposta da ONU em diferentes situações. Em muitos lugares, existe o formato de *cluster*, por exemplo, coordenado pelo Ocha, que é a agência das Nações Unidas para esse fim. E aqui, nessa resposta da Venezuela, existe esse modelo único de coordenação, que é a R4V. A estrutura da R4V é um pouco semelhante à de *cluster*. Tem os grupos temáticos: o Grupo de Proteção; o Grupo de Integração e Trabalho; o Grupo da Questão Indígena, que é específico do caso brasileiro; o Grupo de Wash, de saneamento; o Grupo de Nutrição; o Setor de Integração, que aqui é bastante ligado com a interiorização. Cada um desses grupos é liderado por uma organização com *expertise* nesse tema. Essa é uma estrutura regional que se replica em cada país. Aqui no Brasil, a gente tem a R4V Brasil, com essa mesma estrutura dos grupos de coordenação. É a partir desses grupos de coordenação que a gente tem contato com a resposta nos outros países. Não tanto com a resposta governamental.

Como a R4V funciona na prática, quem são as pessoas envolvidas nessa coordenação?
Sempre é cocoordenada por OIM e Acnur, em toda a região. O centro da resposta é o Panamá – tem um escritório regional de todo mundo lá; é onde fica a plataforma central, e cada país replicou a plataforma nas suas realidades. Aqui no Brasil, a gente tem a OIM e o Acnur coordenando. O centro da plataforma é em Brasília e, a partir do centro, tem esses setores, como a gente chama. Essas são as adaptações que cada país faz ao seu contexto. Por exemplo, não tem interiorização em nenhum outro país, então o setor, aqui no Brasil, chama-se Integração e Interiorização. Teria um nome diferente em outros lugares. Alguns setores têm subsetor. Por exemplo, o Setor de Proteção tem o Subsetor de Violência Baseada em Gênero (VBG); o Subsetor da Questão

Indígena; o Subsetor de Proteção de Crianças e o Subsetor de Tráfico de Pessoas. Cada um desses setores e subsetores é cocoordenado por uma agência das Nações Unidas e uma organização da sociedade civil. A OIM cocoordena o Setor de Integração e Interiorização; a gente também cocoordena o Setor de Enfrentamento e Prevenção ao Tráfico de Pessoas; o Acnur está no Setor de Proteção. E tem sempre organizações da sociedade civil junto. No abrigamento, por exemplo, a organização da sociedade civil que é colíder com o Acnur é a Aldeias SOS, que é um parceiro implementador deles em abrigos em vários locais do país. Com a gente, no Setor de Tráfico de Pessoas, também tem uma organização da sociedade civil.

Funciona assim: são reuniões mais ou menos mensais, com sociedade civil e agências das Nações Unidas, que procuram coordenar tudo que acontece relacionado ao fluxo migratório venezuelano no Brasil. A gente sempre fala que são várias estruturas de coordenação um pouco sobrepostas que têm que conversar: a estrutura dos quatro subcomitês, a estrutura da R4V e a estrutura dos GTs locais, de Roraima. Lá também tem uma estrutura bastante parecida de GT: tem uma reunião de coordenação geral de 15 em 15 dias e uma vez por mês tem de GTs específicos. Nosso grande desafio é fazer tudo isso conversar: o que é conversado no Subcomitê de Acolhimento, o que é conversado no GT de Abrigamento em Roraima e o que é conversado no Setor de Abrigamento da R4V. São meio que as mesmas pessoas em tudo. O R4V não tem governo, mas, de uma maneira geral, são meio que as mesmas pessoas. Então, esse é o grande desafio de coordenação de tudo isso.

Você ficou lá até fevereiro de 2020 como coordenadora. O que mudou? Lembrando do início, quando você chegou, e pensando no final: como estava a situação, tanto no enfrentamento da crise quanto na organização e na relação com a opinião pública?

Mudou tudo. É completamente outro cenário. A gente teve várias fases diferentes, nessa relação com a opinião pública. A gente teve altos e baixos, em diferentes momentos. Coisas pontuais aconteciam. Por exemplo, uma vez teve um crime envolvendo uma pessoa venezuelana, o que gerou uma onda de repúdio à migração. Todo mundo soube que houve pertences das pessoas queimados na fronteira, a população se rebelou. Isso aconteceu outras vezes também: em uma outra situação também de crime, as pessoas lincharam um migrante na frente de um abrigo em Boa Vista. Então, a gente sempre tinha altos e baixos com a opinião pública. Eu não consigo lembrar muito bem a linha do tempo, mas não teve, assim, um "melhorou" e depois ficou melhor. Não. Foi piorando e melhorando, piorando e melhorando. Tinha muita relação com o que a mídia local noticiava. Enquanto a gente estava lá, passamos por uma eleição local, período que foi muito complicado porque teve muito uso político dessa situação da migração. Então, com relação à opinião pública, eram altos e baixos o tempo todo. E acredito que ainda seja desse jeito, na verdade.

Com relação à coordenação, a gente foi se estruturando melhor. No começo, a gente estava construindo essa estrutura de coordenação. No final, isso já estava bem montado: já tinha até essa reunião de 15 em 15 dias; os GTs já estavam bem estruturados, então cada GT apresentava, nessa reunião quinzenal, seus *highlights*, seus destaques daquele período, e coisas que precisavam ser encaminhadas com o conjunto, com todo mundo, com a reunião de coordenação, e já estava um pouco mais claro para todo mundo quem fazia o quê, para quem encaminhar, os fluxos já estavam bem delineados. Mas, por outro lado, o contexto político do Brasil se acirrou muito, e isso trouxe mais dificuldade no relacionamento. Porque cada ente, cada entidade que está ali está representando todo um conjunto de significações junto de si, e isso foi trazendo um pouco mais de dificuldade, com a sociedade civil mais combativa: problemas entre a própria sociedade civil, quando um era mais combativo do que outro, e você deveria estar sendo mais combativo... A questão das ocupações, também. Quando fui embora, isso estava começando a se estruturar. Tinha aproximadamente 4 mil pessoas desabrigadas, em ocupações irregulares, em toda a região de Boa Vista. E isso era uma questão polêmica, porque cada organização pensava um pouco diferente sobre como lidar com aquela situação. Isso também trouxe algum acirramento dos ânimos. Então, quando eu fui embora, em fevereiro de 2020, a situação, de uma maneira geral, era um pouco mais tensa de lidar. Não era mais esse clima de todo mundo trabalhando junto, ficando até de noite com o mapa aberto na mesa... Não era mais tão assim, não. Não tinha como ser, não é? Foi ficando cada vez maior, mais sério e com outros contrastes.

Como vocês fazem o monitoramento e a avaliação do trabalho de vocês?
A coordenação, a responsabilidade central pela estratégia de interiorização é do Subcomitê Federal de Interiorização, na figura do Ministério da Cidadania. Tem uma coordenação local e aí, como agência da ONU, nós somos a principal agência parceira do ministério nessa estratégia. A estratégia de interiorização está estruturada em quatro "modalidades", como são chamadas. Existe a modalidade abrigo-abrigo, que é a modalidade em que o Acnur atua mais e que eles têm parceiros implementadores em todo o país, com gestão de abrigos. Então, pessoas são selecionadas em abrigos em Roraima para serem levadas para abrigos no restante do país. A partir disso, o monitoramento é mais simples, nesses primeiros três meses, que é o tempo que a pessoa passa no abrigo. É todo mundo num lugar só, fácil de acessar.

Temos três outras modalidades: a que hoje é chamada pela sigla VES, vaga de emprego sinalizada, na qual basicamente a empresa procura a Operação Acolhida, oferece vagas e, lá em Boa Vista, o Centro de Coordenação de Interiorização faz o cruzamento com a base de currículos, faz uma entrevista por Skype e a pessoa já viaja com vaga de emprego. Essa modalidade também é relativamente simples de ser monitorada, porque a pessoa está indo para uma empresa parceira, então eu sei os dados do empregador, sei qual é a função que ela foi cumprir ali. A empresa passa por uma série de etapas de averiguação sobre ser uma vaga de trabalho correta. Isso é uma coisa que a gente faz por meio dos nossos escritórios locais, também. A gente está em 13 cidades, agora. Então, parte do meu trabalho hoje, aqui em Santa

Catarina, é um pouco esse, é estar junto dessas empresas que recebem essas pessoas, avaliar como isso está funcionando, quais são as dificuldades, se as pessoas saíram já desses empregos ou não.

Temos outras duas modalidades em que é muito mais complicado o monitoramento, que são a reunião social e a reunião familiar, que é quando a pessoa tem um amigo ou um familiar em outro lugar. A gente faz uma entrevista e a pessoa viaja para a casa desse amigo ou familiar. Essa modalidade é a mais desafiadora de ser monitorada porque as pessoas mudam de telefone, às vezes também de endereço. Elas vão ser recebidas por uma pessoa X, mas elas não vão ficar ali para sempre; elas vão se estruturar e alugar outra casa. Então, o grande desafio da interiorização, sem sombra de dúvida, é avançar no monitoramento dessas modalidades. O que acontece hoje são experiências. Existem várias experiências de monitoramento amostral que a OIM realizou, o próprio Acnur também realizou e o Subcomitê Federal de Interiorização também realizou. E existe o principal, que é aquilo em que a gente tem que conseguir avançar, que é o envolvimento da Rede Suas nesse monitoramento. Então, a pessoa já chega interiorizada com a orientação de atualizar seu endereço ou de se cadastrar no Cadastro Único — muita gente já vem cadastrada —, para que as redes Suas, Cras e Creas possam acompanhar esses casos de maneira mais próxima.

Sendo bem sincera, isso, na prática, ainda está longe de funcionar no Brasil todo. O que funciona melhor são os nossos parceiros implementadores, é a sociedade civil de cada local que recebe essas pessoas nesse acompanhamento. Então, por exemplo, aqui em Santa Catarina, a gente tem a Cáritas, que coordenava um programa grande chamado Pana, de interiorização. E a partir do monitoramento dessas comunidades de migrantes e refugiados venezuelanos, a gente sabe o que está acontecendo com essas pessoas; no Rio Grande do Sul, a gente tem o Aldeias SOS e os Jesuítas; em Minas Gerais, a gente tem os Jesuítas; no Rio de Janeiro a gente tem a Cáritas, também, como parceiro forte. Em cada região do Brasil, a gente tem parceiros fortes. Em algumas cidades, onde houve um trabalho mais forte de sensibilização e construção desses fluxos, a gente tem parceria mais forte com os governos. São algumas experiências pontuais. Por exemplo, em Foz do Iguaçu, a gente trabalhou em um projeto cofinanciado pela OIM e pela UNODC, que foi a construção de um fluxo de atendimento de migrantes em situação de vulnerabilidade. Então, ali foi envolvido todo mundo — educação, saúde e não só a assistência social —, com suas responsabilidades, e hoje existe um fluxo de encaminhamento colocado naquele município. Mas ainda são experiências um pouco pontuais. Não é em todos os municípios que funciona desse jeito.

A gente também monitora por meio das próprias redes de migrantes, então temos contato com todas as associações de venezuelanos que existem em outros territórios; eu estou em grupo de WhatsApp e em grupo de Facebook. A gente vai monitorando um pouco do que está acontecendo com a comunidade, e sempre que acontece algum problema, alguma questão com alguém que chega até nós, o que acontece com muita frequência, o Cras liga para nós, por exemplo: "Olha, tem um venezuelano X aqui em situação de rua". A gente tem acesso aos dados, então podemos checar se essa pessoa foi interiorizada. E, se acontecer de ser interiorizada, você vai rastrear tudo que aconteceu com essa pessoa, o histórico dela, e vai fazer encaminhamento para a rede. Então, por exemplo, aqui em Santa Catarina, a gente tem um parceiro chamado Círculos de Hospitalidade, que tem um programa com outro financiamento, nem é nosso, mas de aluguel social. Então, se acontece uma situação específica de alguém em situação de rua, vai chegar na gente e a gente vai encaminhar para esse parceiro que tem a solução para esse problema específico. Nem sempre tem para todos os problemas em todos os lugares, mas a gente vai se comunicando na rede, sempre com a coordenação do Subcomitê Federal, que vai sendo informado, ainda que este não tenha uma resposta para dar, para a gente conseguir dar a resposta para essas questões. A gente tem agora mais de 50 mil interiorizados, então, cada vez vai ser mais complexo esse processo, com certeza.

Qual o tamanho da equipe de vocês dedicada a essa atividade de monitoramento e avaliação?
Exclusivamente dedicada, a gente não tem. A gente tem uma equipe de monitoramento e avaliação em Brasília, que é a nossa Unidade de Gestão de Programa, que trata mais da questão de organização desses dados e de relatório, mas que não está no monitoramento de campo. Quem está no monitoramento de campo são as equipes de campo. Então, a nossa equipe aqui em Santa Catarina, somos três pessoas; não tem ninguém exclusivamente dedicado a monitoramento e avaliação. Não teria como. A gente faz um pouquinho de tudo. E eu acredito que nas outras agências também. A gente trabalha muito por parceiro implementador. Aqui, a gente tem a Cáritas; a Adra, a gente terminou a parceria em março; tem a Círculos de Hospitalidade; tem uma organização chamada Impact Hub; o Instituto Renner; o Senai. Então, é assim que a gente capilariza o nosso alcance. E existe a estrutura dos Nurins, que são os Núcleos Regionais de Interiorização. No começo de 2020, a partir da estruturação da estratégia de interiorização e junto com essa questão das metas... Em algum momento, isso foi uma grande dificuldade do nosso relacionamento, porque não dá para você pensar em metas, porque você tem que se preocupar com outras questões de proteção, para você interiorizar. Tem mês que não vai dar para interiorizar 3 mil pessoas, porque não tem guarda da criança, porque aquela cidade aonde essa pessoa trans quer ir não tem nenhum serviço de atendimento a pessoa trans. Então, tem uma série de questões com que a gente tem que se preocupar que vão além da logística, e isso era um motivo de embate, em alguns momentos. E com esse crescimento da questão da meta, com o aumento da interiorização, essa problemática do monitoramento foi ficando cada vez mais evidente que precisava ser reforçada e que, embora a gente tenha esse ideal de fortalecimento da Rede Suas, era preciso um apoio focado nisso.

Então, a Operação Acolhida cria uma nova estratégia chamada Nurins — Núcleos Regionais de Interiorização. Esses Nurins vão estar espalhados nas 12 regiões militares. Aqui em Santa Catarina, por exemplo, a gente responde a Curitiba, porque é a mesma região militar. A ideia desses Nurins é ter uma representação militar, que eles chamam de oficial de ligação, e ter também uma representação civil, de governo civil, e ter o apoio de agências da ONU e organizações da sociedade civil. É complexo. Essas estruturas existem — em algumas regiões militares, elas funcionam mais do que em outras, por uma série de razões —, mas, até hoje, elas têm mais uma função logística, de receber os voos, de apoiar a logística. Muitas vezes, o voo pousa, por exemplo, em São Paulo, mas as pessoas vão para um monte de cidades na região. Então, os militares daquele Nurin alugam os ônibus, fazem todo o apoio logístico para pessoas serem distribuídas. E aí o grande desafio é fazer com que esses Nurins não sejam uma estrutura paralela, mas uma estrutura de reforço da rede local. Então, a grande estratégia da operação de monitoramento está nos Nurins. Mas aí tem essa questão de como trazer os governos locais para trabalhar junto com os Nurins sem esvaziar os governos locais, e como usar os Nurins para reforçar e fortalecer os governos locais. É nesse momento que a gente está tendo um pouco de embate. Os Nurins ainda não são uma estrutura oficial da Operação Acolhida. Eles estão em diálogo, em debate, não tem uma formalização disso, mas é uma estratégia que vem sendo pensada.

A OIM tem um sistema, tem regras próprias de monitoramento e avaliação, algum tipo de manual, de treinamento específico?
Sim, temos toda uma estrutura de monitoramento e avaliação, um setor central nosso de M&E, e existem ferramentas, cursos, manuais. São as ferramentas metodológicas que a gente tem para aplicar, com relação ao impacto e resultados dos nossos programas. Algumas são aplicáveis nesse contexto da interiorização. E nisso especificamente que a gente está falando, de rastreio, um pouco menos. Porque a gente está falando de saber onde estão esses beneficiários hoje. A gente faz, é claro, o relatório de resultado, o relatório de impacto mensal, a gente tem diferentes estruturas de prestação de contas, de *accountability*,

para vários diferentes eixos: de doador interno da OIM e também do próprio governo federal. Mas são retratos dos momentos, e a realidade é muito dinâmica, então temos relatório para o doador, para o governo federal, de como está hoje. Só que daqui a três meses vai estar diferente. Vem a pandemia, por exemplo, e muda completamente tudo que a gente tinha pensado: várias pessoas que tinham sido interiorizadas e que estavam empregadas, estavam estáveis, perderam seus empregos, ou perderam suas fontes de renda, porque tinham fonte de renda na informalidade. Então, as coisas vão se transformando. Pelo menos eu não consigo pensar em uma ferramenta de monitoramento e avaliação que acompanhe essa dinamicidade do fluxo migratório.

Você saiu de lá às vésperas da pandemia. Você acompanhou o impacto e o que mudou?
Acompanho. Lá, com certeza, foi muito mais difícil do que nos escritórios dos territórios de acolhida, como aqui em Santa Catarina, por exemplo. Porque lá é a emergência. A emergência não parou. Então, as pessoas não tiveram tanta condição de ficar em *home office*, porque, se você está trabalhando em abrigo ou em fronteira, não tem como fazer esse tipo de atendimento em *home office*. As pessoas tiveram que continuar no *front* da resposta humanitária. Isso causou muito medo, um ambiente de trabalho mais tenso, mais difícil, como em qualquer área. E a questão do fechamento da fronteira, que foi logo em março e que causou essa situação que a gente está vivendo até agora, que é a de um aumento de fluxo de irregulares. As pessoas continuaram entrando, porque a situação na Venezuela não melhorou, e as pessoas muitas vezes não têm muita opção. Tudo ficou mais difícil. Quando a pessoa podia entrar, se documentar e seguir o fluxo normal de acolhimento da Operação Acolhida, você já tinha uma cartilha para seguir, não tinha mais mistério, você já sabia o que fazer em cada etapa. A partir do momento em que a pessoa é irregular, não tem documentação, não consegue ter conta bancária, não consegue acessar um trabalho regular por esse motivo, a própria questão do abrigamento... É claro, a pessoa

não deve ter vetado seu direito a nada por não estar documentada, mas tudo é um pouco mais difícil de ser feito, pela questão do desconhecimento formal daquele número. Isso complexificou tudo, com essa questão das entradas irregulares. A interiorização, também, no início ela chegou a ser paralisada. E diminuiu muito de quantidade, porque está no meio de uma pandemia, com restrição de mobilidade, e você está num programa de mobilidade de pessoas em situação vulnerável e com a saúde, muitas vezes, vulnerável. Então, foi feito um plano de contingência. É um documento grande, que foi construído lá em Roraima a muitas mãos. A criminalização da migração também é um problema que cresceu no mundo todo, de achar que é a migração que está trazendo o vírus. Aqui no Brasil, isso não aconteceu tanto. Eu confesso que tinha medo de que fosse ser pior.

Como você vê a continuidade da operação após uma eventual saída do Exército?

Eles ficam lá por contingentes. Nem sei mais em qual contingente eles estão, acho que eu acompanhei até o nono. No início, era de três em três meses, o que era um problema de continuidade. No início, não tinha treinamento, essa coisa da integração. Isso melhorou muito com o tempo. Nos últimos contingentes que eu acompanhei, a gente vinha para o lugar do contingente, ficava uma semana inteira. Cada soldado, cada pessoa conhecia a gente antes de ir para Roraima. A gente fazia apresentação; cada agência, cada ministério também ia. Isso foi uma coisa que foi muito aprimorada com o tempo. Nos últimos contingentes que acompanhei, isso já estava muito mais "azeitado", como eles mesmos dizem.

Sempre foi um plano da Operação Acolhida ter começo, meio e fim. Desde 2019, que foi o último ano que eu passei lá, isso já estava começando a ser discutido, o plano e a estratégia de saída. A estratégia era sempre a interiorização, no sentido de diminuir as pessoas abrigadas e ir enxugando a estrutura necessária lá: diminuir o número de abrigos e o número de pessoas. Os contingentes foram ficando menores. Quando eu saí de lá, isso já estava acontecendo. Não sei se continuou acontecendo. A ideia sempre foi fortalecer o governo local para poder assumir essa estrutura. Não sei se estou certa, mas minha percepção é de que a Covid bagunçou um pouco esse plano, porque a interiorização teve que diminuir o ritmo. A situação de vulnerabilidade das pessoas deu alguns passos para trás. Então, eu acho que isso atrasa um pouco o processo. E a questão da proximidade com o governo local também passou por diferentes fases. Hoje, eu não tenho certeza, mas quando eu saí de lá a gente estava numa situação de proximidade e de fortalecimento de governo local cada vez maior, com a presença de mais agências da ONU. O próprio escritório da OIM e o do Acnur passaram a ser no prédio da Setrabes, então a gente estava trabalhando bastante junto, sempre nessa intenção. O que eu vejo — pessoalmente, e não como OIM? Não vejo essa estrutura poder se enxugar tanto assim nos próximos anos. Não acho que vai baixar tanto assim o número de pessoas com essa necessidade de abrigamento, acho que vai ter que ser criado algum tipo de estrutura mista. Não acho que é possível a completa saída da Operação Acolhida num futuro próximo. Mas isso é o que eu acho, pessoalmente; não é o que é discutido. O que é discutido é mais no sentido da saída completa mesmo.

Depois de toda a sua experiência, o que você acha que fica de lições, de coisas que a gente aprendeu com a Operação Acolhida, que você acha que seria importante, por exemplo, pensar para treinamento de futuros colegas da OIM aqui no Brasil, ou mesmo de outras organizações, como o Exército, agências das Nações Unidas e ONGs que provavelmente vão se dedicar de novo, em algum momento, ou que planejam se dedicar a emergências humanitárias?
Acho que a principal lição da Operação Acolhida, e que sempre foi a nossa grande vantagem e também o nosso grande desafio, é essa coordenação entre o diferente. A gente chegou a um momento, quando eu saí de Roraima, em que tínhamos 150 diferentes organizações participando da Operação Acolhida. A gente brincava que a reunião parecia um baile à fantasia, porque você via entrando uma freira,

um militar, um bombeiro, uma pessoa com o colete da ONU, e todo mundo ali dentro tentando criar consenso, a partir de perspectivas muito diferentes e, às vezes, opostas. Eram muitos embates, e não foram poucas as situações em que houve discussão, é claro, o que era saudável. Acho que a gente aprendeu muito e cresceu muito, nesse sentido, até pessoalmente mesmo. Eu não conseguia imaginar uma estrutura como essa, quando entrei na OIM. Eu hoje realmente digo que em muitos momentos aquilo dava certo. Apesar dos muitos problemas que a gente teve, a gente conseguia construir desse jeito. Porque, por exemplo, tem esferas em que só o Exército entra. Para a gente conversar, por exemplo, com a Polícia Militar: ela tinha uma recepção ao Exército muito diferente do que ia ter a mim ou à irmã Telma. Enquanto, em outros casos, os próprios migrantes e refugiados ouviam muito mais a irmã Telma do que a mim ou ao Exército. Ainda mais migrantes e refugiados da Venezuela, que tinham uma relação um pouco complexa com o Exército naquele momento. Já o pessoal das Nações Unidas tinha um trânsito com qualquer esfera de relacionamento interinstitucional, de nível federal ou internacional, muito maior do que o Exército ou a sociedade civil. Então, a gente aprendeu a colocar em complementaridade esses nossos diferentes trânsitos em diferentes esferas, para fazer *advocacy* conjunto em vários temas, para várias coisas, mesmo pequenas.

O que eu levava para essas palestras de treinamento dos contingentes era, primeiro, o respeito ao diferente, à alteridade, de conseguir trabalhar com o diferente. Acho que hoje, no contexto polarizado que a gente está vivendo, é mais importante ainda, e mais difícil. Também essa questão do fortalecimento do local, eu acho que é importante, e que é um desafio para nós. Agora que eu estou na outra ponta, que eu estou aqui em Santa Catarina, escuto muito isso dos governos locais: "Os municípios precisam ser envolvidos". A gente tem trabalhado com isso há muito tempo, por meio da Confederação Nacional dos Municípios, de federações de municípios, de associações de municípios. Mas somos um país muito grande, com muitas diferenças entre os municípios, então, isso faz sentido em alguns lugares, faz menos sentido em outros, mas é o caminho. Não tenho dúvidas de que o local precisa ser fortalecido, para que a gente consiga avançar em qualquer questão. Não adianta discutir as coisas só em nível de Brasília, porque não chega até ali, não ecoa.

Também tem a questão do protagonismo do beneficiário, do migrante e do refugiado. Isso, sim, é uma questão em que eu acho que a gente, como resposta humanitária, ainda precisa avançar bastante. A gente está falando de um fluxo humanitário que é recente. O fluxo migratório venezuelano ainda tem pouca organização da diáspora, então você acha poucas associações de venezuelanos, você encontra poucas representações desses grupos, o que torna mais difícil esse protagonismo, essa centralidade. Porque você não vai conseguir falar com cada um dos 300 mil venezuelanos que estão no Brasil, dos 5 milhões da diáspora de venezuelanos. Você tem que conseguir construir os meios para que essas pessoas estejam no centro. E se você for ver em qualquer esfera que trabalha a migração aqui no Brasil — mas isso não é uma questão só brasileira —, vai ver poucos migrantes. Vai ver muita Igreja, ONG e poucos migrantes falando por eles mesmos. Então, eu também acho que é uma questão central, que precisa ser aprofundada, e a gente precisa construir com mais força esse pilar do protagonismo dessas pessoas na resposta.

Marcela Ulhoa Silveira Bonvicini

Marcela Ulhoa Silveira Bonvicini foi oficial de proteção e chefe de escritório do Fundo das Nações Unidas para a Infância (Unicef), atuando em parceria com a Operação Acolhida desde seu início, em março de 2018. Graduou-se em comunicação social (jornalismo) pela UnB, em 2012. Em 2019, concluiu mestrado em literatura pela UFRR. Entre 2014 e 2017, foi assessora de comunicação na prefeitura de Boa Vista. Entre 2017 e 2018, trabalhou como assessora no Fundo de População das Nações Unidas (UNFPA).

Entrevista realizada em 6 de julho de 2021.

Quando você chegou a Roraima?

Cheguei em 2014, peguei um cenário muito diferente. A gente é que ia para a Venezuela no final de semana para passear nas cachoeiras, para fazer compras. Quando começou a migração, eu estava na prefeitura e me chamava muito a atenção, porque o primeiro movimento migratório foi dos indígenas. Os warao foram os primeiros a aparecer nas ruas. Eram eles e as trabalhadoras sexuais, os que estavam ali visíveis — eu falo "os corpos expostos". Eu já estava também iniciando meu mestrado em literatura na UFRR e comecei a me envolver de forma voluntária nessa questão da migração. Quando iniciei o mestrado, eu já não estava mais vinculada à prefeitura, estava fazendo só *freelance*, uns trabalhos pontuais. Eu tinha um desejo, uma vontade de fazer um documentário, de poder registrar como estava essa situação da migração, de poder documentar isso que, para mim, era um momento histórico que a gente estava vivendo em Roraima. Como eu já estava vinculada à universidade federal, comecei a fazer parte do projeto de extensão do Rede Acolher, que tinha aulas de português para migrantes e refugiados. Por essas minhas andanças e por um processo investigativo muito autônomo meu, não vinculado a nenhuma instituição, de ir conversando nas ruas, entendendo esse fluxo migratório, nesse desejo de documentar o que estava acontecendo.

Foquei muito no diálogo com as trabalhadoras sexuais que estavam próximas ao Terminal do Caimbé. Descobri um sebo de livros, o Clube do Livro, do lado do terminal, do senhor Oliveira, que é um militante da Associação De Bem com a Vida. Ele já fazia um trabalho de deixar disponíveis camisinhas para as trabalhadoras sexuais. Então, elas tinham, ali no lugar dele, uma referência. Aí eu comecei a conversar e elas falavam muito da questão da violência que sofriam. Perguntei o que fazia elas estarem ali. Elas falaram que era falta de oportunidades. Muitas não trabalhavam com prostituição na Venezuela. A gente chamava de "sexo de sobrevivência". Era a circunstância que as levava a estarem ali. Um dos pontos que elas falaram era a dificuldade de inserção no mercado de trabalho, e que elas queriam aprender português.

Aí eu perguntei para a professora Júlia, que estava coordenando a Rede Acolher e essa parte das aulas de português, o que ela achava de eu levar as aulas de português para o Terminal do Caimbé, nesse sebo de livros, porque era um lugar que elas já tinham como referência, estava ali ao lado e, com isso, a gente não precisava que elas se deslocassem até a universidade, onde ocorriam as aulas de português. A professora gostou da ideia e eu comecei a coordenar esse grupo de mulheres ali no Terminal do Livro do Caimbé, com aulas de português. Então, a minha inserção na migração foi a partir de um projeto voluntário junto com a universidade. Isso foi em 2017, antes da Operação Acolhida.

De repente, eu escuto muito espanhol aqui e vejo esse movimento, isso é o que me chama a atenção. Quando as agências começaram a chegar, eu já estava envolvida nessa resposta por meio da universidade, porque a universidade e as organizações, principalmente as religiosas, como o CMDH, foram as primeiras que foram respondendo à questão migratória aqui em Roraima, antes de chegarem as agências. Com isso, chegou o Acnur, chegou a OIM, chegou depois o UNFPA. Aí, por esse trabalho que eu já fazia com as mulheres, fui indicada para fazer uma assessoria para o UNFPA. Foi aí que iniciei o meu trabalho com organismos internacionais. Nunca foi a minha trajetória pessoal buscar organismos internacionais para trabalhar. Foi por uma circunstância do meu envolvimento com a questão migratória local, que veio a partir de uma curiosidade e de um envolvimento como voluntária.

Nesse início, antes da Operação Acolhida, como era a resposta da prefeitura, do governo do estado e da população local? Houve situações conflitivas, relatos de que a população achava que os refugiados estavam sobrecarregando o sistema de saúde, de que aumentou a violência — esse tipo de reclamações.
Sim, acho que houve várias ondas e fases, eu falo que são várias Operações Acolhidas e vários momentos mesmo da operação e da resposta como um todo, até antes da operação. Acho que é normal, o novo sempre causa um estranhamento, acontece muito essa resistência de uma população quando chega um número grande de migrantes. Roraima já

é um território conflitivo. No meu mestrado, o tema foi o diário pessoal de uma venezuelana, uma dessas mulheres do Clube do Livro, uma dessas trabalhadoras sexuais. Faço também uma releitura da história de Roraima. É uma região de muitos conflitos. Hoje viraram os migrantes, mas já foram os indígenas, por uma questão de ocupação da mineração. Então, é um território que já tem esse "o eu e o outro", já é uma narrativa muito recorrente. Nas ondas migratórias do povoamento de Roraima, já houve movimentos anteriores bem xenofóbicos no sentido dos nordestinos que chegavam aqui. Quais eram as famílias tradicionais de Roraima e esse "outro" que ameaçava o que era meu? A diferença é que, nesse primeiro movimento migratório, teve um incentivo muito grande dos governos locais, por conta da necessidade de povoamento de Roraima. Quando os migrantes venezuelanos chegaram, não: já era um lugar estabelecido. Inclusive, a prefeitura de Boa Vista, naquela gestão, estava rumando para ter os *rankings* de melhor cidade para se viver em qualidade de vida, capital da primeira infância. De repente, chega a migração e acaba com tudo isso. De repente, você tem famílias pedindo dinheiro na rua, tem uma população que se aglomera nas praças que estavam sendo reformadas. Foi um choque para a população. Nesse sentido, eu digo que é natural, porque a primeira resposta foi colocar a culpa nos migrantes, individualizar a culpa nessa população. Foi um movimento muito de resistência da população. Os governos, é claro, ficam muito reféns ou produzem também esse tipo de opinião pública, porque eles não vão contra o que os seus eleitores vão falar. Acho que tem uma questão que é muito delicada mesmo.

Houve alguns movimentos da prefeitura de tentar responder a isso. Teve um momento em que a prefeita chegou a ir para Brasília e fazer uma articulação com os ministérios para um aluguel social. Isso criou um rebuliço interno, porque as pessoas criticaram muito: "Por que para eles e não para a gente? Eu também tenho dificuldade de pagar o meu aluguel". Por conta dessa resposta muito negativa da população, que também teve a mídia ali inflando, a prefeitura retrocedeu e, a partir daquele momento, não se quis mais ter uma resposta direta. Eu acho que estacionou, em termos de querer avançar com algumas propostas e com muito medo de se envolver por conta de como ficaria a opinião pública.

Quando as agências chegaram, uma das primeiras ações que a gente fez foi uma sensibilização com a imprensa, porque a imprensa também reforçava um pouco esse discurso. A gente fez até uma análise das matérias, sempre colocando: "Venezuelano assalta tal lugar". O título da matéria vinculava à nacionalidade, sempre relacionando a violência ao contexto migratório. A gente foi à Secretaria de Segurança do Estado de Roraima e pegou dados, e eles não mostravam uma correlação entre o aumento da violência e os migrantes. Inclusive havia mais ocorrências de migrantes que sofriam violência aqui do que que causavam violência. As ocorrências eram "distúrbio da ordem pública", umas coisas assim, que mostravam muito qual que era a leitura sobre a presença deles. Então, o primeiro momento foi assim. Depois, teve aquela situação em Pacaraima em que colocaram fogo nos pertences e no acampamento dos migrantes que estavam na rua. Antes de chegar a operação como tal, acho que a situação de ter muito migrante a olho nu, na rua, nas praças, acampados, incomodava muito a população.

Nesse momento anterior ao início formal da operação, como as agências se coordenavam?

A reunião era eu, Pablo e Yssy.[22] Era isso, eram as três agências que iniciavam. A gente ainda estava também tentando entender essas coordenações. Tinha uma colega pelo UNFPA, a Vanessa, que chegou também para apoiar. Ela é venezuelana e já tinha trabalhado em outras emergências. Ela foi a primeira que puxou um GT de Coordenação, que foi o de Violência Baseada em Gênero (GBV). Ainda não tinha nem a plataforma R4V.[23] Em termos de Nações Unidas, não era um *cluster* de

---

22 Pablo Mattos, do Acnur, e Yssyssay Rodrigues, da OIM.

23 A plataforma foi criada pelas agências Acnur e OIM, em setembro de 2018, como um núcleo de esforços para promover respostas operativas e interagências diante do aumento do deslocamento de refugiados e migrantes venezuelanos. Fonte: <www.r4v.info>. Acesso em: 26 nov. 2021.

emergência. Então, eram as agências chegando para tentar organizar uma resposta. A coordenação era a gente, que ficava ali na sala do Núcleo de Pesquisa em Relações Internacionais (Napri), cedida pela universidade federal. Como era uma porta do lado da outra, a gente batia na porta um do outro e conversava o que tinha que ser conversado. A gente fazia as nossas reuniões semanais, mas era esse grupo muito pequeno, a princípio. Não tinha essa quantidade de outras ONGs, outros organismos internacionais ou mesmo nacionais.

Trabalhei no UNFPA por um ano e meio, saí e fiquei seis meses terminando a minha dissertação de mestrado, porque é impossível você terminar uma dissertação na emergência. Foi quando o Unicef me convidou para trabalhar, voltei para a Operação Acolhida como Unicef. Hoje sou chefe de escritório do Unicef, mas comecei como oficial de proteção. No UNFPA, eu comecei com uma consultoria e depois me tornei chefe de escritório.

Mas aí começa a Acolhida e chega o Estado brasileiro; na verdade, chegam os militares, basicamente. Como foi a chegada dos militares na Operação Acolhida?

Quando chega a Operação Acolhida, quando tem o decreto e tem essa coordenação e muito dele é o braço militar, é claro que, dentro dos organismos de direitos humanos, sempre teve esse questionamento de qual seria o papel do Exército. Mas, nesse momento, o papel do Exército foi importante porque ele foi um organizador de estrutura e logística. Enquanto coordenação humanitária, é importante fazer as diferenças entre o que seria um papel de exército e o que seria um papel de organizações civis, incluindo organismos internacionais. É importante fazer as divisões de papéis, responsabilidades, *expertises* de cada um. É uma questão sempre delicada em uma operação tão grande, com tantos atores envolvidos e tendo na figura do Exército uma centralidade da resposta do governo brasileiro. Tem os subcomitês, mas quem de fato fica na presença, na ponta, é um efetivo militar. O coordenador da operação é um militar. Mas eu acho que teve um momento ali de organização logística, de abertura de abrigo, que eu não sei quem mais teria a capacidade logística de fazer.

Você acha que esse esforço de coordenação funcionou, no início?
Acho que funcionou para a questão logística, realmente organizou um pouco essa questão da quantidade de pessoas que estavam na rua. Tem um momento em que é uma resposta emergencial, coisas que têm que ser respondidas com uma logística muito rápida. É, de fato, tirar as pessoas que estão em situação de rua. Era muita gente. Havia uma representatividade grande ali, talvez um pouco maior do que o que a gente vai vendo hoje. Mais por um cansaço. É uma operação de muito tempo também; você tem que ter um fôlego nas organizações, principalmente da sociedade civil, para continuar no envolvimento.

E as organizações religiosas?
As que tinham mais envolvimento eram, talvez, as organizações já com muito histórico de resposta à questão migratória — o CMDH, o IMDH, as Scalabrinianas. Era um pessoal que, inclusive, já estava respondendo antes de a própria Operação Acolhida chegar. Tinha a Fraternidade, aí começa a responder ali no Pintolândia, quando era o ginásio.[24] As organizações religiosas evangélicas, eu não me recordo de participarem das reuniões. Elas iam mais nos abrigos mesmo e faziam ações diretamente, às vezes, com a população. Como não tinha coordenação de abrigo nessa época, tinha de tudo um pouco: todo mundo entrava, porque não era um espaço que tinha controle, aí você chegava e, às vezes, tinha uma pregação, tinha horário em que tinha um grupo evangélico, hora em que tinha um grupo católico, hora que estava a universidade, hora que estavam as agências. Chegava de tudo um pouco.

---

[24] Referência ao abrigo improvisado no ginásio poliesportivo do bairro Pintolândia, em Boa Vista, criado em novembro de 2017. A Fraternidade — Federação Humanitária Internacional atuou no abrigo. Fonte: <http://g1.globo.com/rr/roraima/noticia/2017/01/venezuelanos-dormem-no-chao-e-dividem-abrigo-improvisado-em-rr.html>. Acesso em: 26 nov. 2022.

No que você trabalhava, especificamente? Como era a sua rotina, para além das reuniões?
A rotina do trabalho do UNFPA era, primeiro, pautar uma questão de que as experiências migratórias são diferentes. Uma experiência migratória é diferente para uma mulher, para uma menina, para uma população LGBTI. Então, um primeiro trabalho é não homogeneizar. Não estamos falando de um público de migrantes e refugiados. Estamos falando de pessoas, com as suas especificidades e que se você, por exemplo, em um momento de organização de um abrigo, não leva isso em consideração, você não leva em consideração coisas muito básicas, por exemplo, a posição do banheiro no abrigo e a iluminação desse banheiro, por conta de você evitar que mulheres corram risco quando vão acessá-lo. Coisas muito básicas, como fazer um mapeamento da rede de proteção e entender quais são os órgãos responsáveis por atendimento à mulher. Então, foi uma construção, um mapeamento dessa rede, de como estava a situação dessa rede, o estabelecimento dos fluxos de encaminhamento, como a gente passava essa informação para as organizações que trabalhavam com essa população, mas também para as migrantes e refugiadas. Era então um processo de sensibilização.

A gente fez também uma das primeiras campanhas de sensibilização contra a xenofobia, o "E se fosse você?", uma campanha puxada pelo UNFPA com a Rede Acolher e que depois contou também com o apoio e participação da OIM e do Acnur. Foi um *mannequin challenge*,[25] mexendo com o que estava na moda naquele momento, que trazia a reflexão: e se fosse você que tivesse que ter saído do seu país, da sua cidade? A gente colocava os personagens ali: o que eles faziam na Venezuela e como eles estavam ali na rua naquele momento. Então, meu trabalho envolvia também tocar um processo de sensibilização da comunidade, de informação com essa população de migrantes so-

---

[25] O *mannequin challenge* (desafio do manequim) foi uma tendência de vídeo que se tornou viral na internet no final de 2016. As pessoas permaneciam "congeladas" em ação como se fossem manequins, enquanto uma câmera em movimento as filmava.

bre seus direitos, serviços, o mapeamento e a construção dos fluxos dessa rede, a coordenação desse grupo de trabalho, que era onde a gente colocava também as várias organizações, incluindo os órgãos públicos locais, para conversar sobre esses temas de violência baseada em gênero e de saúde sexual e reprodutiva. Estou ainda falando da experiência do trabalho no UNFPA, porque a experiência do trabalho no Unicef vai ser outra. Então, essa era a minha rotina de trabalho naqueles primeiros momentos da Operação Acolhida. Também em torno da violência baseada em gênero e saúde sexual e reprodutiva: a questão do planejamento familiar, como você trabalha isso junto com essa população migrante para o acesso a métodos contraceptivos, como está a rede... A maternidade: como ela estava atendendo as mulheres gestantes venezuelanas, as violências institucionais da maternidade. Um trabalho de sensibilização e fortalecimento da maternidade para o atendimento, porque, realmente, teve um *boom* de mulheres venezuelanas que vinham para cá para ter os seus filhos. Então, era um trabalho muito focado em *advocacy*, em fazer as pontes com as estruturas, com os governos locais, e para essa articulação da rede, internamente, dentro da Operação Acolhida, para visibilizar essa população, visibilizar os desafios que esse público encontra e como a gente podia adequar cada uma das respostas à especificidade desse público.

Você começa depois a trabalhar no Unicef, como oficial de proteção à infância. Como era esse trabalho?

Quando comecei, lembro que uma das coisas que me falaram foi: "O que a gente precisa resolver? A questão de crianças indocumentadas, separadas e desacompanhadas". Foi a minha primeira missão dada: "Não temos ainda uma resposta organizada para isso". Eu não sei se foi uma coincidência ou se foi realmente o olhar que começou a estar mais voltado para isso, mas a gente começou a ver um aumento muito grande da entrada de crianças e de adolescentes, principalmente adolescentes desacompanhados. Tivemos casos de meninos que chegaram aqui com 11 anos, caminhando sozinhos. Tivemos casos de crianças menores que ficaram desacompanhadas: não chegaram desacompanhadas, mas os pais voltaram e as deixaram aqui, ou os pais faleceram e elas ficaram aqui. Aí são crianças, menores de 12 anos. Mas o grande fluxo de chegadas aqui eram adolescentes, de 15, 16 anos, que chegavam sozinhos também, buscando principalmente trabalho, autonomia financeira. Ou porque precisam ajudar seus familiares, ou porque, às vezes, já são chefes de família, têm filhos — falo tanto de meninos quanto de meninas. Quando chegam ao Brasil, não sabem que tem uma política protetiva em que eles não podem ficar desacompanhados sem um representante legal, e que o acesso ao emprego é diferente. Se você não tem 18 anos, a partir dos 16 ele está vinculado a outros programas que estão incluídos com processo de aprendizagem, como o jovem aprendiz. Enfim, existe possibilidade, mas ela tem que se dar a partir de uma rede de proteção.

Quando eu entrei, não havia uma resposta. Tinha a DPU lá na fronteira, que fazia a escuta qualificada. Mas a DPU me falava da dificuldade, porque não tinha nenhum ator que pudesse ficar responsável, do começo ao fim, por essa identificação, desde quando chegava um caso lá na fronteira em Pacaraima até o acompanhamento de todo o fluxo para a regularização migratória e pedido de medida protetiva. Eles faziam essa escuta lá, a partir da resolução conjunta do Conanda e Conare, mas às vezes isso, inclusive, requeria, das outras equipes — OIM, Acnur, que já tinham uma presença maior ali na fronteira por conta da regularização dos *status* migratórios —, ficar acompanhando esses casos. Às vezes, era o dia inteiro, com um caso de uma adolescente ali na fronteira. Aí, a gente fez, montou. A DPU tinha trazido um seminário do MIEUX,[26] que era uma iniciativa da União Europeia para tentar também qualificar a escuta que a DPU tinha com essas crianças e adolescentes desacompanhados e separados, até para poder

[26] Criada em 2020, MIEUX (Migration EU Expertise) é uma iniciativa conjunta financiada pela União Europeia e implementada pelo Centro Internacional para o Desenvolvimento de Políticas Migratórias, com o intuito de apoiar organizações regionais na administração de questões migratórias e de mobilidade. Fonte: <www.mieux-initiative.eu/fr/about/what-is-mieux>. Acesso em: 26 nov. 2021.

identificar: "É separado, mas deixa eu identificar se realmente tem uma relação de parentesco, um vínculo afetivo, e não se trata de um tráfico de pessoas". Porque a grande questão das crianças separadas é que muitas chegam sem nenhum documento, mas falam: "Eu sou tio". Como é que você vai realmente atestar que é tio, que é primo? Então, tem todo um processo de uma escuta qualificada que a DPU fazia.

Esse projeto do MIEUX estava qualificando os defensores. Lembro que nesse seminário a que eu fui, em Brasília, a gente começou a fazer a construção de uma resposta. Foi dali que, enquanto Unicef, a gente montou uma equipe multidisciplinar de gestão de casos, em Pacaraima, que trabalhava em articulação direta com a DPU. Esse é um projeto que existe até hoje com a AVSI, com a parceira de implementação, que faz a identificação desses casos e todo o referenciamento e acompanha, do começo ao fim, para a busca de familiares, para a gente poder fazer a reunificação deles na fronteira. Não tendo um familiar, e não tendo nenhuma outra possibilidade, aí a medida de proteção é a institucionalização, porque Roraima não tem famílias acolhedoras. É um projeto que a gente está iniciando com a prefeitura e com a Vara da Infância.

Então, uma coisa foi a resposta lá na fronteira e aqui também, em Boa Vista, dessas equipes multidisciplinares, para fazerem a identificação e toda a gestão e acompanhamento desses casos. Outra era: "Está bom, você precisa de uma medida protetiva. A única medida que você tem é o abrigo". E os abrigos de adolescentes começaram a ficar superlotados. Aqui em Boa Vista existe uma especificidade, porque em Pacaraima era diferente, lá não tinha nenhuma unidade de acolhimento para crianças desacompanhadas. Nos outros municípios, é a prefeitura, o município é que é responsável pela execução dessas medidas de proteção, que é responsável pela gestão dos abrigos. Aqui, em Boa Vista, é dividido: o estado fica com o adolescente, a prefeitura fica com a criança. Por exemplo, se você tem uma família com um irmão que tem 11 anos e outro que tem 15, um vai para o infantil e outro para o de adolescentes: você separa o grupo de irmãos, porque não tem uma unidade que seja mais no modo familiar, como as casas-lares, que têm tipificação por lei. Aí, então, os abrigos de adolescentes estavam superlotados e teve uma decisão judicial para interditá-los: não podia mais entrar nenhum adolescente, venezuelano ou não. O pedido veio a partir de uma ação civil pública do Ministério Público Estadual e essa ação foi totalmente xenofóbica, porque pedia, na ação, que fosse só para os venezuelanos, que os abrigos não pudessem acolher os venezuelanos. Aí, o juiz acatou parcialmente: "Acato a interdição, mas ela não pode ser só para os venezuelanos. Então, se ela está superlotada, ela está superlotada para todo mundo, para a criança venezuelana e a brasileira". Aí não podia mais entrar no abrigo.

Foi então preciso fazer um plano de contingência, do qual o Unicef participou ativamente, junto com a Vara da Infância e a secretaria. A gente inaugurou duas casas-lares, que são essas medidas alternativas, que são unidades familiares, uma em Pacaraima e uma em Boa Vista, em articulação também com o Ministério da Cidadania. Mas essas duas casas, no início, foram completamente financiadas pelo Unicef. O Acnur, na época, entrou com o mobiliário na de Boa Vista e a OIM na de Pacaraima. Por nove meses, a gente manteve essas casas junto com a Aldeias Infantis em Pacaraima e em Boa Vista, para poder desafogar e ampliar o número de vagas. Porque você contava com uma outra unidade e uma unidade que fosse familiar, para tirar um pouquinho dessa ideia da institucionalização do abrigo convencional, que é uma resposta já atrasada, em termos de direito de crianças e adolescentes. E fazendo essa sensibilização com a rede.

Concomitante a isso, a gente sempre articulou com o ministério, que, então, baixou uma portaria e auxiliou o município de Pacaraima e o estado de Roraima a aplicar um projeto para conseguir fundos emergenciais para que eles pudessem, então, abrir e coordenar essas casas. Em Pacaraima funcionou, e eles acessaram o recurso. A gestão lá em Pacaraima já é completamente com a secretaria municipal. Em Boa Vista, o estado de Roraima acessou também esses recursos, mas até agora não conseguiu implementar. Como a gente já tinha tido essa transferência de recursos do ministério para a Setrabes, a gente ainda estendeu um pouquinho mais nossa atuação aqui em Boa Vista, porque eles estavam com dificuldade de fazer o aluguel dos imóveis; mas depois encerrou, porque a gente tinha um compromisso com o ministério de assumir por um determinado período e entendíamos que já tinha verba e toda uma resposta articulada. Só que até hoje essas casas não abriram. Aí, de novo, temos uma quantidade grande de adolescentes desacompanhados nos abrigos da Operação Acolhida, que era uma coisa que a gente estava vivenciando antes de abrirem as casas-lares. Já que não podia mais ir para o abrigo estatal, porque estava superlotado, não ia ficar na rua. Então, ficou nos abrigos da Operação Acolhida. A gente manteve uma equipe e reforçou uma equipe para apoiar esses casos específicos. Agora, de novo, a gente volta a ter um número grande de adolescentes nos abrigos da Operação Acolhida e estamos aguardando para ver se de fato a Setrabes vai conseguir abrir; se não, a gente pensa em novamente abrir uma unidade dessa forma. Acho que esses foram os desafios: passar de uma resposta emergencial, em que, enquanto agência da ONU, você também pode providenciar uma primeira resposta, mas sempre pensando em como isso vai se tornar sustentável. E é sustentável a partir de políticas públicas. É importante que as políticas públicas respondam a essas necessidades.

Alguns militares que entrevistamos falaram: "A nossa missão tem que ser temporária, não é para ficarmos ali o tempo inteiro". Como que você vê o futuro da Acolhida com a eventual saída do Exército?
A gente sabe que vai ter um recurso menor, federal, com a saída dos militares, mas entendemos que vai ter uma coordenação civil. Acho que ainda está em construção. Não sei se está claro, nem para a gente nem para as outras organizações, como vai ser essa transição. Sinto que ainda é uma incógnita, mas acho que um caminho é o fortalecimento das organizações locais, da resposta local. Entendo que, enquanto uma primeira resposta, foi a federação que chegou. Teve um movimento também, do Ministério da Cidadania, de tentar fazer o trabalho com a Setrabes. A gestão do Pintolândia e do [abrigo] Janokoida chegou

a ser da Setrabes, ali no comecinho. Depois se federalizou, a partir também do termo de cooperação do ministério com a Acnur. Mas não vejo uma solução duradoura se, de fato, essa resposta não for trabalhada com o estado e o município. Isso em Roraima, porque em Manaus é diferente, em Belém também é diferente. Tanto é que em Belém não tem Operação Acolhida, é uma resposta do município.

Eu sempre falo que falta olhar de desenvolvimento de política pública para migração aqui em Roraima. Esse é um caminho que a gente já tem começado a conversar interagencialmente. Claro, guardadas as enormes diferenças, mas como foi esse processo em São Paulo, por exemplo, de estabelecimento de uma política pública migratória, dos comitês que organizavam as diferentes instâncias? É preciso que isso aconteça em Roraima. A gente está falando de um estado de fronteira. Essa migração está longe de acabar. Mesmo que diminua o fluxo, você ainda tem a Guiana; lá sempre foi um lugar que teve muita circulação. Antes mesmo, se você fosse falar de maternidade, alguns serviços específicos, já era referência para, por exemplo, as comunidades da Guiana, ali perto. É uma hora e pouquinho aqui de Boa Vista. Essas mulheres já buscavam a maternidade para ter seus filhos e voltavam para as comunidades na Guiana. Então, está longe de acabar.

É preciso realmente reforçar as instâncias locais. Acho que os municípios e o governo do estado têm que estar mais fortalecidos, têm que ter mais estrutura para responder. Têm que usar o pacto federativo também, porque se a resposta for sempre federal e muito emergencial... A gente já saiu dessa fase, já estamos em outra, que demanda pensar em estratégias. E conviver, paralelamente. A interiorização é uma das experiências que todos os países sempre ressaltam, em encontros regionais: como é diferente a resposta que o governo brasileiro deu, desse apoio a realmente interiorizar, levar essas pessoas de Roraima para outros lugares, dando oportunidade de emprego, apesar das várias dificuldades que você encontra. Então, como você equilibra uma resposta emergencial com uma outra que possa ter uma base mais sustentável ao longo do tempo, em que as prefeituras e o estado possam ter estrutura para organizar isso — estrutura financeira, mas estrutura de gestão também?

Hoje, o tema da migração está pulverizado. Cada secretaria vai tentar trabalhar o tema da migração, porque ele impacta. Se você falar na saúde, você tem mais venezuelanos acessando a rede. Se você falar de educação, tem mais crianças e adolescentes na rede de educação. Só que cada um está falando separadamente. Cada secretaria, cada pasta, está tentando dar sua resposta. Eu não vejo uma centralidade de gestão dos governos para lidar com a questão da migração. Até para poder articular com as agências, até para poder articular com o governo federal, até para poder articular com a Operação Acolhida. Para poder também coordenar essa resposta. Às vezes a gente está fazendo uma coordenação, fazendo planos de trabalho, mas será que a gente escuta também o município? Será que faz sentido colocar vários abrigos no termo de vista de gestão de uma cidade em um único espaço, por exemplo ali na região do 13 de Setembro, onde tem todos os Rondons ali — Rondon 1, 2, 3, agora vai ter 4, 5? Como isso fica na gestão territorial de uma cidade? Como isso fica para a unidade básica de saúde daquele território? Como fica para a escola daquele território? Então, é preciso também que as prefeituras se empoderem mais e participem mais dessas discussões que afetam a cidade.

O Unicef participou do processo de interiorização? Vocês acompanham?
A gente acompanha a partir de dois projetos pontuais. Um é o Passaporte para a Educação, em parceria com a OIM. A gente orienta as famílias sobre matrícula escolar, sobre os direitos, para fazer a transferência. Se a criança ou adolescente está matriculada aqui, é um direito dela ter sua transferência de matrícula e acessar a rede de ensino. A gente entrega uma carta, inclusive, que a família pode utilizar na escola de destino, que auxilia nesse processo da rematrícula. Também temos um livrinho que foi desenvolvido para trabalhar com as crianças. Porque é uma outra mudança: ela já chegou ao Brasil, a Roraima, mudou de país, agora vai mudar de estado. Então, temos um

trabalho de sensibilização das crianças com o livrinho, que tem dois personagens que vão explicando a geografia do Brasil, para onde elas vão, qual é o clima, a culinária.

Também trabalhamos no caso das reunificações familiares, de desacompanhados e separados: por exemplo, dois irmãos que chegaram, a nossa equipe identificou em Pacaraima, e a mãe está em Manaus. Então, a gente faz a reunificação familiar por meio do processo de interiorização, ou apoiando com compra de passagens, por meio do nosso projeto, para esses casos específicos, ou, às vezes, a gente faz a articulação com o ônibus da própria operação. Também temos um auxílio financeiro para essas famílias que estão sendo reunificadas, para cobrir um pouco dos gastos de uma família que agora está aumentada. A gente viu que, em época de pandemia, um dos motivos da separação das famílias era a perda do poder econômico. Então, muitas crianças estavam na casa-lar e outros familiares e responsáveis não queriam recebê-los, falavam: "Mas eu perdi o meu emprego, eu não vou conseguir receber" ou "Eu vou antes para tentar um emprego, porque aqui em Roraima está difícil. Você fica aí. Quando eu conseguir, você vai". Então, havia um processo de separação das famílias por conta da dificuldade. A pandemia aumentou muito essa vulnerabilidade das famílias. A gente também tem uma equipe de psicólogo e assistente social que faz toda uma análise e um acompanhamento psicossocial dessas famílias.

Então, na interiorização, nossa participação é dessas duas formas bem pontuais. Agora, estamos vendo um projeto que é do Unicef nacional — o Um Milhão de Oportunidades —, de autonomia para adolescentes e jovens que completaram 18 anos e, às vezes, são desinstitucionalizados e ficam ao deus-dará. Porque tem ainda essa dificuldade: quando você completa 18 anos e está desacompanhado, você não tem mais onde ficar, porque não tem mais aquela medida protetiva do abrigo, e fica um pouco sem chão. Então, a gente está tentando *linkar* com esse projeto, que tem empresas cadastradas no Brasil inteiro. Quem sabe vai ser uma outra frente que a gente vai conseguir para a integração socioeconômica desses jovens?

Como foram os impactos da pandemia em relação ao trabalho de vocês?
Foram tremendos. Talvez o principal é que as escolas foram fechadas. Os abismos aumentaram no Brasil inteiro, entre quem tem acesso à internet e quem não tem, e entre quem tem os pais disponíveis para poder acompanhar tarefas de casa e aqueles cujos pais não têm condições de fazer um acompanhamento. No caso dos migrantes, isso somava-se à vulnerabilidade anterior. É uma sobreposição de vulnerabilidades, de questão cultural, de questão linguística, de várias outras barreiras que eles já enfrentavam no ensino presencial. No ensino a distância, eu acho que foi uma barreira enorme. A gente tentou organizar, a partir do GT de Educação, de diversas formas. Conseguimos alguns avanços. Por exemplo, a apostila. Os materiais, a gente conseguiu que as secretarias imprimissem. Aí a gente fez um grupo de pais para buscar na escola as apostilas. Nossos espaços de educação não formal dentro dos abrigos iam acompanhando as atividades e auxiliando, fazendo um pouco esse papel.

Mas ocorreu também a queda de renda das famílias, que ocasionou mais trabalho infantil. Houve um aumento de famílias com crianças nas ruas, pedindo dinheiro. Teve uma percepção de aumento de violência dentro dos abrigos também, porque eles não estavam mais indo para a escola, ficavam o dia inteiro ali no abrigo, os pais também estressados — é o ciclo da violência, que começa a aumentar nesses espaços. Então, é perda de renda, maior exposição ao trabalho infantil, fechamento das escolas, que impactou todo o processo de aprendizagem e de alimentação, porque as escolas são lugares nos quais as crianças comem. Então, para as crianças que estão fora das escolas, é até difícil de mensurar esse impacto, como ele foi forte. E a gente teve também os órfãos da Covid, uma coisa que está ganhando mais repercussão. Tem um projeto de lei que está para passar, de dar um auxílio também para os órfãos da Covid. Teve essa situação que a gente vivenciou, de ter que fazer todos os arranjos com a rede, de tentar buscar um familiar de crianças que ficaram realmente desacompanhadas porque seus pais ou responsáveis faleceram por conta da Covid.

Além disso, tem a questão das entradas irregulares, da falta de documentação. Você perde um pouco o controle dessa população que está chegando, e a falta do documento passa a ser uma barreira para acessar alguns direitos. Então, agora, a matrícula das escolas... A gente tem o Busca Ativa Escolar e o Trajetórias de Sucesso Escolar, que são dois programas regulares do Unicef no país. O Busca Ativa Escolar a gente fez aqui, com o município, até com o apoio das secretarias, e a gente viu que muitas crianças estavam sem documento. Num primeiro momento, tinha sido uma barreira dos municípios de aceitar a pré-matrícula dessas crianças que estavam sem documentação. Então, de novo, foi todo um trabalho de *advocacy*. O juiz da Vara da Infância, inclusive, determinou que não poderiam ser negadas as matrículas por essa situação, por eles estarem sem regularização migratória. Mas aí a secretaria falou: "Tudo bem, sem regularização migratória é uma coisa, mas sem nenhum documento comprobatório é outra". Porque as famílias às vezes chegavam sem nenhum documento da criança, nada, zerado. Agora, com a reabertura da fronteira, mesmo entendendo que é parcial, que é aos poucos, eu acho que já dá um respiro, porque a gente já está começando a fazer a regularização dessas famílias e dessas crianças.

Tanto no seu trabalho no UNFPA, quanto agora no Unicef, como vocês fazem a avaliação do impacto das ações que vocês estão adotando?
Essa é uma das perguntas centrais: como a gente mensura o impacto. Ter números é fácil. Você tem seus indicadores, você vai e faz a contagem das pessoas que estão participando, do quanto você conseguiu. Mas qual é o impacto? Acho que há uma outra forma de mensurar, muito mais difícil para, de fato, você conseguir entender por onde está indo o seu trabalho. Começamos, há pouco tempo — a gente até gostaria de ter começado antes, mas acabou implementando só ano passado, 2020 —, a fazer todo o processo de *accountability with affected populations*. São processos de fazer grupos focais e estabelecer formas de escuta da população que a gente está atendendo sobre a nossa res-

posta, para poder dar a devolutiva para eles. A gente tem focado muito em grupos, inclusive de adolescentes, incluindo eles no processo de monitoramento e avaliação das nossas estratégias. O pessoal da equipe é muito criativo. Juntaram várias áreas — monitoramento, mobilização de adolescentes e a parte de C4D do Unicef, que é Comunicação para Desenvolvimento — e desenvolveram uma estratégia chamada Cemaps. Adoram criar siglas. É uma forma de monitoramento dos projetos a partir da participação dos adolescentes: eles recebem *tablets*, celulares e uma bolsa, e fazem o monitoramento dos nossos projetos. Os adolescentes estão muito engajados no monitoramento dos projetos e no desenvolvimento, inclusive, das estratégias. Então, há esses encontros e as árvores de chamadas e de disseminação de informação que eles criaram por meio de grupos de WhatsApp. Com isso, eles conseguem chegar a um grupo cada vez maior de adolescentes. Essa estratégia das Cemaps é o que a gente tem de novo e que me chama mais a atenção. O pessoal apresentou na regional e chamou a atenção também de outros escritórios do Unicef, por conta de como foi estruturado o envolvimento dos adolescentes no monitoramento e na avaliação dos projetos. Talvez seja um dos pontos altos que eu destacaria para a gente avaliar os impactos.

Tem também uma pesquisa, um diagnóstico rápido, intersetorial, focado nas pautas, nos mandatos do Unicef. A gente tem feito esses diagnósticos e esses levantamentos junto com as outras organizações, com o governo também. Aplicamos um questionário e tem também uma linha de base. Vamos acompanhando os avanços a partir do que a gente aplicou no ano passado. Agora, vamos para uma segunda ronda e a gente abre um processo em que as instituições também se cadastram para participar desse diagnóstico intersetorial. A gente foca na questão da proteção da criança, como é que essa população está acessando ou não, se ela está tendo dificuldade de acessar a rede, os serviços de denúncia.

Acho que é basicamente isso. A Operação Acolhida teve muitas fases. Tem uma próxima, que a gente ainda está na expectativa de entender como é que vai ser com essa redução do efetivo militar, com uma coordenação que, nos informaram, vai ser mais civil. Mas o que eu queria reforçar é que a riqueza dela vai sempre ser a partir do momento em que a gente garantir a diversidade das organizações, dos mandatos; que a gente garantir um espaço em que possam coexistir e possam se organizar e coordenar. Acho que a palavra "coordenação" é muito forte porque ela é difícil e ela é essencial. É só a partir dessas diferenças que a gente pode realmente conseguir ter uma resposta mais completa. Então, o papel do Unicef, das agências, vai ser muito diferente do papel do Exército, que vai ser muito diferente do Ministério da Cidadania, que vai ser muito diferente do papel dos municípios, tanto da prefeitura quanto das suas secretarias, que vai ser muito diferente do papel do estado, e que é muito diferente da organização da sociedade civil, da universidade. Mas a gente precisa, cada vez mais, fortalecer essa coexistência de organizações diferentes e a coordenação delas. Acho que a coordenação vai ser central para o sucesso. Minha ideia de Operação Acolhida é que ela foi uma operação feita com muitas mãos. Espero que assim continue.

Siglas

Aciso	Ação cívico-social
Acnur	Alto Comissariado das Nações Unidas para Refugiados
Adra	Agência Adventista de Desenvolvimento e Recursos Assistenciais
Aman	Academia Militar das Agulhas Negras
AVSI	Associação de Voluntários no Serviço Internacional
CCI	Centro de Coordenação da Interiorização
Ccopab	Centro Conjunto de Operações de Paz do Brasil
Cimic	Civil Military Cooperation [Cooperação Civil-Militar]
CMDH	Centro de Migrações e Direitos Humanos da Diocese de Boa Vista
CML	Comando Militar do Leste
CMN	Comando Militar do Norte
CMNE	Comando Militar do Nordeste
CMO	Comando Militar do Oeste
CMP	Comando Militar do Planalto
CMS	Comando Militar do Sul
CMSE	Comando Militar do Sudeste
Conanda	Conselho Nacional dos Direitos da Criança e do Adolescente
Conare	Comitê Nacional para os Refugiados
Coter	Comando de Operações Terrestres (Exército Brasileiro)
CPAEx	Curso de Política, Estratégia e Alta Administração do Exército

Cras	Centro de Referência e Assistência Social
Creas	Centro de Referência Especializado de Assistência Social
CRM	Conselho Regional de Medicina
DPKO	Departamento de Operações de Manutenção de Paz (ONU)
DPU	Defensoria Pública da União
Eceme	Escola de Comando e Estado-Maior do Exército
EGN	Escola de Guerra Naval
EMCFA	Estado Maior Conjunto das Forças Armadas
EPI	Equipamento de proteção individual
ESA	Escola de Sargentos das Armas
EsAO	Escola de Aperfeiçoamento de Oficiais
EsPCEx	Escola Preparatória de Cadetes do Exército
FAB	Força Aérea Brasileira
FAO	Organização das Nações Unidas para Alimentação e Agricultura
Farc	Forças Armadas Revolucionárias da Colômbia
FFHI	Federação Humanitária Internacional
FGV	Fundação Getulio Vargas
FT Log Hum RR	Força-Tarefa Logística Humanitária para o Estado de Roraima
Furg	Fundação Universidade Federal do Rio Grande
GBV	*Gender-based violence* [Violência baseada em gênero]
GLO	Garantia da Lei e da Ordem
GT	Grupo de trabalho
IMDH	Instituto Migrações e Direitos Humanos
MD	Ministério da Defesa
MDS	Ministério do Desenvolvimento Social
M&E	*Monitoring and evaluation* [Monitoramento e avaliação]
MIEUX	Migration EU Expertise
NRC	Norwegian Refugee Council

Ocha	Escritório das Nações Unidas para a Coordenação de Assuntos Humanitários
OI	Organização internacional
OIM	Organização Internacional para as Migrações
OM	Organização militar
ONG	Organização não governamental
ONU	Organização das Nações Unidas
Otan	Organização do Tratado do Atlântico Norte
PE	Polícia do Exército
PF	Polícia Federal
PMA	Programa Mundial de Alimentos
PRA	Posto de recepção e acolhida
PRI	Posto de recepção e identificação
PTrig	Posto de triagem
R4V	Plataforma de Coordenação Interagencial para Refugiados e Migrantes da Venezuela
Segov	Secretaria de Governo do Brasil
Senai	Serviço Nacional de Aprendizagem Industrial
Setrabes	Secretaria do Trabalho e Bem-Estar Social de Roraima
SPU	Secretaria do Patrimônio da União
Suas	Sistema Único de Assistência Social de Roraima
UFRR	Universidade Federal de Roraima
Unami	Missão de Assistência das Nações Unidas para o Iraque
UnB	Universidade de Brasília
Unesp	Universidade Estadual Paulista
UNFPA	Fundo de População das Nações Unidas
Unicamp	Universidade Estadual de Campinas
Unicef	Fundo das Nações Unidas para a Infância
UNODC	Escritório das Nações Unidas sobre Drogas e Crimes
Wash	*Water, sanitation and hygiene* [água, abastecimento e sanitização]

Este livro foi impresso nas oficinas gráficas da Editora Vozes Ltda.,
Rua Frei Luís, 100 – Petrópolis, RJ.